Compêndio da psicanálise

SIGMUND FREUD

Compêndio da psicanálise

Tradução do alemão de RENATO ZWICK
Revisão técnica e apresentação de NOEMI MORITZ KON
Ensaio biobibliográfico de PAULO ENDO *e* EDSON SOUSA

www.lpm.com.br
L&PM POCKET

Coleção **L&PM** POCKET, vol. 1187

Texto de acordo com a nova ortografia.
Título original: *Abriss der Psychoanalyse*

Este livro também está disponível em formato 14 x 21 cm
Primeira edição na Coleção **L&PM** POCKET: setembro de 2015
Esta reimpressão: janeiro de 2025

Tradução: Renato Zwick
Tradução baseada no vol. 17 das *Gesammelte Werke*, p. 63-138 (Frankfurt am Main, Fischer, 1999), e na *Internationale Zeitschrift für Psychoanalyse und Imago*, vol. XXV, n. 1, 1940, p. 7-67 (Imago Publishing Co., Londres).
Revisão técnica e apresentação: Noemi Moritz Kon
Ensaio biobibliográfico: Paulo Endo e Edson Sousa
Preparação: Lia Cremonese
Revisão: Patrícia Yurgel
Capa: Ivan Pinheiro Machado. *Foto*: Sigmund Freud (1921). Akg-Images/Latinstock

CIP-Brasil. Catalogação na publicação
Sindicato Nacional dos Editores de livros, RJ

F942c

Freud, Sigmund, 1856-1939
    Compêndio da psicanálise / Sigmund Freud ; tradução Renato Zwick; revisão técnica e apresentação de Noemi Moritz Kon; ensaio biobibliográfico de Paulo Endo e Edson Sousa. – 1. ed. – Porto Alegre, RS: L&PM, 2025.
    176 p. ; 18 cm.   (Coleção L&PM POCKET, 1187)

Tradução de: *Abriss der Psychoanalyse*
ISBN 978-85-254-3233-9

1. Psicanálise. I. Kon, Noemi Moritz. II. Endo, Paulo. III. Sousa, Edson. IV. Título.

13-07950	CDD: 616.8917
	CDU: 159.946.2

© da tradução, ensaios e notas, L&PM Editores, 2013

Todos os direitos desta edição reservados a L&PM Editores
Rua Comendador Coruja, 314, loja 9 – Floresta – 90.220-180
Porto Alegre – RS – Brasil / Fone: 51.3225.5777
Pedidos & Depto. comercial: vendas@lpm.com.br
Fale conosco: info@lpm.com.br
www.lpm.com.br

Impresso no Brasil
Verão de 2025

Sumário

Itinerário para uma leitura de Freud
Paulo Endo e Edson Sousa 7

Apresentação
Enfim, Freud – *Noemi Moritz Kon* 21

Compêndio da psicanálise

Nota dos editores alemães 41

Prefácio 43

Parte I - A natureza do psíquico
Capítulo 1 – O aparelho psíquico 47
Capítulo 2 – Teoria dos impulsos 53
Capítulo 3 – O desenvolvimento da função
sexual 61
Capítulo 4 – Qualidades psíquicas 71
Capítulo 5 – Ilustração baseada na
interpretação dos sonhos 87

Parte II – A tarefa prática
Capítulo 6 – A técnica psicanalítica 103
Capítulo 7 – Uma amostra de trabalho
psicanalítico 123

PARTE III – O GANHO TEÓRICO
Capítulo 8 – O aparelho psíquico e o
    mundo exterior 147
Capítulo 9 – O mundo interior 165

Colaboradores desta edição........................... 171

Itinerário para uma leitura de Freud

Paulo Endo e Edson Sousa

Freud não é apenas o pai da psicanálise, mas o fundador de uma forma muito particular e inédita de produzir ciência e conhecimento. Ele reinventou o que se sabia sobre a alma humana (a psique), instaurando uma ruptura com toda a tradição do pensamento ocidental, a partir de uma obra em que o pensamento racional, consciente e cartesiano perde seu lugar exclusivo e egrégio. Seus estudos sobre a vida inconsciente, realizados ao longo de toda a sua vasta obra, são hoje referência obrigatória para a ciência e para a filosofia contemporâneas. Sua influência no pensamento ocidental não só é incontestável como não cessa de ampliar seu alcance, dialogando com e influenciando as mais variadas áreas do saber, como a filosofia, as artes, a literatura, a teoria política e as neurociências.

Sigmund Freud (1856-1939) nasceu em Freiberg (atual Příbor), na região da Morávia, hoje parte da República Tcheca, mas àquela época parte do Império Austríaco. Filho de Jacob Freud e de sua terceira esposa, Amália Freud, teve nove irmãos – dois do primeiro casamento do pai e sete do casamento entre seu pai e sua mãe. Sigmund era o filho mais velho de oito irmãos e era sabidamente adorado pela mãe, que o chamava de "meu Sigi de ouro".

Em 1860, Jacob Freud, comerciante de lãs, mudou-se com a família para Viena, cidade onde Sigmund Freud residiria até quase o fim da vida, quando teria de se exilar em Londres, fugindo da perseguição nazista. De família pobre, formou-se em medicina em 1882. Devido a sua precária situação financeira, decidiu ingressar imediatamente na clínica médica em vez de se dedicar à pesquisa, uma de suas grandes paixões. À medida que se estabelecia como médico, pôde pensar em propor casamento para Martha Bernays. Casaram-se em 1886 e tiveram seis filhos: Mathilde, Martin, Oliver, Ernst, Sophie e Anna.

Embora o pai tenha lhe transmitido os valores do judaísmo, Freud nunca seguiu as tradições e os costumes religiosos; ao mesmo tempo, nunca deixou de se considerar um judeu. Em algumas ocasiões, atribuiu à sua origem judaica o fato de resistir aos inúmeros ataques que a psicanálise sofreu desde o início (Freud aproximava a hostilidade sofrida pelo povo judeu ao longo da história às críticas virulentas e repetidas que a clínica e a teoria psicanalíticas receberam). A psicanálise surgiu afirmando que o inconsciente e a sexualidade eram campos inexplorados da alma humana, na qual repousava todo um potencial para uma ciência ainda adormecida. Freud assumia, assim, seu propósito de remar contra a maré.

Médico neurologista de formação, foi contra a própria medicina que Freud produziu sua primeira ruptura epistêmica. Isto é: logo percebeu que as pacientes histéricas, afligidas por sintomas físicos sem causa aparente, eram, não raro, tratadas com indiferença médica e negligência no ambiente hospitalar. A histeria pedia, portanto, uma nova inteligibilidade, uma nova ciência.

A característica, muitas vezes espetacular, da sintomatologia das pacientes histéricas de um lado e, de outro, a impotência do saber médico diante desse fenômeno impressionaram o jovem neurologista. Doentes que apresentavam paralisia de membros, mutismo, dores, angústia, convulsões, contraturas, cegueira etc. desafiavam a racionalidade médica, que não encontrava qualquer explicação plausível para tais sintomas e sofrimentos. Freud então se debruçou sobre essas pacientes; porém, desde o princípio buscava as raízes psíquicas do sofrimento histérico e não a explicação neurofisiológica de tal sintomatologia. Procurava dar voz a tais pacientes e ouvir o que tinham a dizer, fazendo uso, no início, da hipnose como técnica de cura.

Em 1895, é publicado o artigo inaugural da psicanálise: *Estudos sobre a histeria*. O texto foi escrito com o médico Josef Breuer (1842-1925), o primeiro parceiro de pesquisa de Freud. Médico vienense respeitado e erudito, Breuer reconhecera em Freud um jovem brilhante e o ajudou durante anos, entre 1882 e 1885, inclusive financeiramente. *Estudos sobre a histeria* é o único material que escreveram juntos e já evidencia o distanciamento intelectual entre ambos. Enquanto Breuer permanecia convicto de que a neurofisiologia daria sustentação ao que ele e Freud já haviam observado na clínica da histeria, Freud, de outro modo, já estava claramente interessado na raiz sexual das psiconeuroses – caminho que perseguiu a partir do método clínico ao reconhecer em todo sintoma psíquico uma espécie de hieróglifo. Escreveu certa vez: "O paciente tem sempre razão. A doença não deve ser para ele um objeto de desprezo, mas, ao contrário, um adversário respeitável, uma parte do seu ser que tem boas razões de existir e que lhe deve permitir obter ensinamentos preciosos para o futuro".

Em 1899, Freud estava às voltas com os fundamentos da clínica e da teoria psicanalíticas. Não era suficiente postular a existência do inconsciente, uma vez que muitos outros antes dele já haviam se referido a esse aspecto desconhecido e pouco frequentado do psiquismo humano. Tratava-se de explicar seu dinamismo e estabelecer as bases de uma clínica que tivesse o inconsciente como núcleo. Há o inconsciente, mas como ter acesso a ele?

Foi nesse mesmo ano que Freud finalizou aquele que é, para muitos, o texto mais importante da história da psicanálise: *A interpretação dos sonhos*. A edição, porém, trazia a data de 1900. Sua ambição e intenção ao usar como data de publicação o ano seguinte era a de que esse trabalho figurasse como um dos mais importantes do século XX. De fato, *A interpretação dos sonhos* é hoje um dos mais relevantes textos escritos no referido século, ao lado de *A ética protestante e o "espírito" do capitalismo*, de Max Weber, *Tractatus Logico-Philosophicus*, de Ludwig Wittgenstein, e *Origens do totalitarismo*, de Hannah Arendt.

Nesse texto, Freud propõe uma teoria inovadora do aparelho psíquico, bem como os fundamentos da clínica psicanalítica, única capaz de revelar as formações, tramas e expressões do inconsciente, além da sintomatologia e do sofrimento que correspondem a essas dinâmicas. *A interpretação dos sonhos* revela, portanto, uma investigação extensa e absolutamente inédita sobre o inconsciente. Tudo isso a partir da análise e do estudo dos sonhos, a manifestação psíquica inconsciente por excelência. Porém, seria preciso aguardar um trabalho posterior para que fosse abordado o papel central da sexualidade na formação dos sintomas neuróticos.

Foi um desdobramento necessário e natural para Freud a publicação, em 1905, de *Três ensaios sobre a teoria da sexualidade*. A apresentação plena das suas hipóteses fundamentais sobre o papel da sexualidade na gênese da neurose (já noticiadas nos *Estudos sobre a histeria*) pôde, enfim, vir à luz, com todo o vigor do pensamento freudiano e livre das amarras de sua herança médica e da aliança com Breuer.

A verdadeira descoberta de um método de trabalho capaz de expor o inconsciente, reconhecendo suas determinações e interferindo em seus efeitos, deu-se com o surgimento da clínica psicanalítica. Antes disso, a nascente psicologia experimental alemã, capitaneada por Wilhelm Wundt (1832-1920), esmerava-se em aprofundar exercícios de autoconhecimento e autorreflexão psicológicos denominados de introspeccionismo. A pergunta óbvia elaborada pela psicanálise era: como podia a autoinvestigação esclarecer algo sobre o psiquismo profundo tendo sido o próprio psiquismo o que ocultou do sujeito suas dores e sofrimentos? Por isso a clínica psicanalítica propõe-se como uma fala do sujeito endereçada à escuta de um outro (o psicanalista).

A partir de 1905, a clínica psicanalítica se consolidou rapidamente e se tornou conhecida em diversos países, despertando o interesse e a necessidade de traduzir os textos de Freud para outras línguas. Em 1910, a psicanálise já ultrapassara as fronteiras da Europa e começava a chegar a países distantes como Estados Unidos, Argentina e Brasil. Discípulos de outras partes do mundo se aproximavam da obra freudiana e do movimento psicanalítico.

Desde muito cedo, Freud e alguns de seus seguidores reconheceram que a teoria psicanalítica tinha um alcance capaz de iluminar dilemas de outras áreas do conhecimento além daqueles observados na clínica. Um dos primeiros textos fundamentais nesta direção foi *Totem e tabu: algumas correspondências entre a vida psíquica dos selvagens e a dos neuróticos*, de 1913. Freud afirmou que *Totem e tabu* era, ao lado de

A interpretação dos sonhos, um dos textos mais importantes de sua obra e o considerou uma contribuição para o que ele chamou de psicologia dos povos. De fato, nos grandes textos sociais e políticos de Freud há indicações explícitas a *Totem e tabu* como sendo o ponto de partida e fundamento de suas teses. É o caso de *Psicologia das massas e análise do eu* (1921), *O futuro de uma ilusão* (1927), *O mal-estar na cultura* (1930) e *O homem Moisés e a religião monoteísta* (1939).

O período em que Freud escreveu *Totem e tabu* foi especialmente conturbado, sobretudo porque estava sendo gestada a Primeira Guerra Mundial, que eclodiria em 1914 e duraria até 1918. Esse episódio histórico foi devastador para Freud e o movimento psicanalítico, esvaziando as fileiras dos pacientes que procuravam a psicanálise e as dos próprios psicanalistas. Importantes discípulos freudianos, como Karl Abraham e Sándor Ferenczi, foram convocados para o front, e a atividade clínica de Freud foi praticamente paralisada, o que gerou dissabores extremos à sua família devido à falta de recursos financeiros. Foi nesse período que Freud escreveu alguns dos textos mais importantes do que se costuma chamar a primeira fase da psicanálise (1895-1914). Esses trabalhos foram por ele intitulados de "textos sobre a metapsicologia", ou textos sobre a teoria psicanalítica.

Tais artigos, inicialmente previstos para perfazerem um conjunto de doze, eram parte de um projeto que deveria sintetizar as principais posições teóricas da ciência psicanalítica até então. Em apenas seis semanas, Freud escreveu os cinco artigos que hoje conhecemos como uma espécie de apanhado denso, inovador e consistente de metapsicologia. São eles: "Pulsões e destinos da pulsão", "O inconsciente", "O recalque", "Luto e melancolia" e "Complemento metapsicológico à doutrina dos sonhos". O artigo "Para introduzir o narcisismo", escrito em 1914, junta-se também a esse grupo de textos. Dos doze artigos previstos, cinco não foram publicados, apesar de Freud tê-los concluído: ao que tudo indica, ele os destruiu. (Em 1983, a psicanalista e pesquisadora Ilse Grubrich-Simitis encontrou um manuscrito de Freud, com um bilhete anexado ao discípulo e amigo Sándor Ferenczi, em que identificava "Visão geral das neuroses de transferência" como o 12º ensaio da série sobre metapsicologia. O artigo foi publicado em 1985 e é o sétimo e último texto de Freud sobre metapsicologia que chegou até nós.)

Após o final da Primeira Guerra e alguns anos depois de ter se esmerado em reapresentar a psicanálise em seus fundamentos, Freud publica, em 1920, um artigo avassalador intitulado *Além do princípio de prazer*. Texto revolucionário, admirável e ao mesmo tempo mal aceito e mal digerido até hoje por muitos psicanalistas, desconfortáveis com a proposição de uma pulsão (ou impulso, conforme se preferiu na presente tradução) de morte autônoma e independente das pulsões de vida. Nesse artigo, Freud refaz os alicerces da teoria psicanalítica ao propor novos fundamentos para a teoria das pulsões. A primeira teoria das pulsões apresentava duas energias psíquicas como sendo a base da dinâmica do psiquismo: as pulsões do eu e as pulsões de objeto. As pulsões do eu ocupam-se em dar ao eu proteção, guarida e satisfação das necessidades elementares (fome, sede, sobrevivência, proteção contra intempéries etc.), e as pulsões de objeto buscam a associação erótica e sexual com outrem.

Já em *Além do princípio de prazer*, Freud avança no estudo dos movimentos psíquicos das pulsões. Mobilizado pelo tratamento dos neuróticos de guerra que povoavam as cidades europeias e por alguns de seus discípulos que, convocados, atenderam psicanaliticamente nas frentes de batalha, Freud reencontrou o estímulo para repensar a própria natureza da repetição do sintoma neurótico em sua articulação com o trauma. Surge o conceito de pulsão de morte: uma energia que ataca o psiquismo e pode paralisar o trabalho do eu, mobilizando-o em direção ao desejo de não mais desejar, que resultaria na morte psíquica. É provavelmente a primeira vez em que se postula no psiquismo uma tendência e uma força capazes de provocar a paralisia, a dor e a destruição.

Uma das principais consequências dessa reviravolta é a segunda teoria pulsional, que pode ser reencontrada na nova teoria do aparelho psíquico, conhecida como segunda tópica, ou segunda teoria do aparelho psíquico (que se dividiria em ego, id e superego, ou eu, isso e supereu), apresentada no texto *O eu e o id*, publicado em 1923. Freud propõe uma instância psíquica denominada supereu. Essa instância, ao mesmo tempo em que possibilita uma aliança psíquica com a cultura, a civilização, os pactos sociais, as leis e as regras, é também responsável pela culpa, pelas frustrações e pelas exigências que o sujeito impõe a si mesmo, muitas delas inalcançáveis. Daí o mal-estar que acompanha todo sujeito e que não pode ser inteiramente superado.

Em 1938, foi redigido o texto *Compêndio da psicanálise*, que seria publicado postumamente em 1940. Freud pretendia escrever uma grande síntese de sua doutrina, mas faleceu no exílio londrino em setembro de 1939, após a deflagração da Segunda Guerra Mundial, antes de terminá--la. O *Compêndio* permanece, então, conforme o próprio nome sugere, como uma espécie de inacabado testamento teórico freudiano, indicando a incompletude da própria teoria psicanalítica que, desde então, segue se modificando, se refazendo e se aprofundando.

É curioso que o último grande texto de Freud, publicado em 1939, tenha sido *O homem Moisés e a religião monoteísta*, trabalho potente e fundador que reexamina teses historiográficas basilares da cultura judaica e da religião monoteísta a partir do arsenal psicanalítico. Essa obra mereceu comentários de grandes pensadores contemporâneos como Yosef Yerushalmi, Edward Said e Jacques Derrida, que continuaram a enriquecê-la, desvelando não só a herança judaica muito particular de Freud, por ele afirmada e ao mesmo tempo combatida, mas também o alcance da psicanálise no debate sobre os fundamentos da historiografia do judaísmo, determinante da constituição identitária de pessoas, povos e nações.

Esta breve anotação introdutória é certamente insuficiente, pois muito ainda se poderia falar de Freud. Contudo, esperamos haver, ao menos, despertado a curiosidade no leitor, que passará a ter em mãos, com esta coleção, uma nova e instigante série de textos de Freud, com tradução direta do alemão e revisão técnica de destacados psicanalistas e estudiosos da psicanálise no Brasil.

Ao leitor, só nos resta desejar boa e transformadora viagem.

Apresentação
Enfim, Freud

Noemi Moritz Kon

Finis Austria.

No dia 12 de março de 1938, a resistência à anexação da Áustria pelo exército de Hitler é sobrepujada. Não houve uma conquista renhida de territórios, um conflito intenso entre as forças armadas dos dois países. Não. O novo chanceler austríaco Seyss-Inquart, fantoche nazista, simplesmente acata as ordens de Berlim e abre as fronteiras de seu país para as tropas alemãs.

Nesse mesmo dia, Sigmund Freud escreve em seu Diário: "*Finis Austria*". No dia seguinte, acrescenta: "*Anschluss* com a Alemanha", e em 14 de março completa: "Hitler em Viena".

Acabou.

Não havia mais como Freud, um judeu, permanecer em seu país.

A selvageria e a brutalidade antissemitas eclodiram com força e naturalidade na Áustria e se mostraram ainda mais virulentas do que a barbárie alemã: pilhagem, calúnias, humilhação, maus-tratos, assassinatos surgiam em toda parte, a todo tempo. Um verdadeiro império de terror.

De acordo com Peter Gay, em *Freud, uma vida para o nosso tempo*[1], "a Áustria em março de 1938 foi um ensaio geral para os pogroms alemães de novembro". Os relatos davam conta da abertura dos portões do submundo, com a libertação dos espíritos mais baixos, mais revoltantes e mais impuros. Em menos de uma semana a Áustria abandona sua identidade e se assume orgulhosa como *Ostmark*, província oriental da Alemanha, e submete seu exército, suas instituições públicas e governamentais e suas leis às determinações alemãs. Rapidamente, banqueiros, profissionais liberais, burocratas, políticos, professores, industriais, jornalistas e artistas judeus são destituídos de seus cargos e funções, e logo mais a ópera, os jornais, o mundo dos negócios e da alta cultura, os famosos cafés vienenses se autoproclamam como "puramente arianos".

"Não houve praticamente resistência e sequer objeções. [...] A resistência teria sido inútil e irracional", escreve Gay. Qualquer oposição, mínima que fosse, era sufocada pela SS de

---

1. Gay, P. *Freud, uma vida para o nosso tempo*. São Paulo: Companhia das Letras, 1989.

Heinrich Himmler, que encarcerava, fuzilava ou simplesmente enviava os suspeitos para a morte no campo de concentração de Dachau.

Também a resistência de Freud à partida para o exílio seria em vão. Ernest Jones, em *Vida e obra de Sigmund Freud*[2], descreve em detalhes o trabalho para superar a relutância de Freud em deixar Viena, apesar da relação de ambiguidade que sempre estabeleceu com a cidade.[3] Era evidente, argumentava Jones para o próprio Freud, que ele não se portava como um desertor, conforme temia; era seu país que o havia abandonado.

Problemas maiores do que a relutância de Freud deveriam ser ultrapassados: como conseguir vistos de saída para uma família judia na Áustria nazista? E, ainda que fosse obtida a autorização, qual país no entreguerras europeu, atravessado pelo forte sentimento antissemita, abriria suas portas para receber essa mesma família? Uma verdadeira força tarefa internacional,

---

2. Jones, E. *Vida e obra de Sigmund Freud*. Rio de Janeiro: Zahar, 1979.
3. Em carta enviada para Max Eitingon, já em Londres, aos 6 de junho de 1938, Freud escreveu: "O sentimento de triunfo por ter sido libertado está muito fortemente misturado com a dor pois, a despeito de tudo, amei muito a prisão da qual fui solto". Freud, S. *Correspondência de amor e outras cartas 1873-1939*. Rio de Janeiro: Nova Fronteira, 1982, p. 514.

orquestrada por Ernest Jones e pela princesa francesa e amiga Marie Bonaparte, que envolveu inclusive o presidente norte-americano Franklin Roosevelt e diplomatas de vários outros países, foi montada para que o renomado Sigmund Freud e sua família[4] fossem, depois de três meses de angustiantes e escorchantes negociações, resgatados, a alto custo, inclusive financeiro, com sucesso, e acolhidos, com o reconhecimento merecido, pela Inglaterra.

---

4. Segundo Max Schur, em *Freud, vida e agonia* (Rio de Janeiro: Imago, 1981, p. 612), acompanharam Sigmund Freud ao exílio na Inglaterra sua esposa Martha, sua cunhada Minna Bernays, sua filha Anna, seu filho Martin com esposa e dois filhos, sua filha Mathilde Hollitscher e seu marido, seu sobrinho Ernst Halberstadt, seu médico pessoal Max Schur, sua mulher e dois filhos e, ainda, Paula Fichtl, a governanta da família desde 1929. Freud morreria sem saber do trágico destino de quatro de suas cinco irmãs. No dia 29 de junho de 1942, Marie (Mitzi), Pauline (Paula) Winternitz e Adolfine (Dolfi) foram deportadas para o campo de concentração de Theresienstadt. Adolfine morreu ali, em 5 de fevereiro de 1943, de hemorragia interna causada por extrema desnutrição. Mitzi e Paula foram transportadas no dia 23 de setembro para o campo de extermínio de Maly Trostinec, onde foram assassinadas nas câmaras de gás. De acordo com informações obtidas durante testemunho no tribunal de Nuremberg, Debora (Rosa) Graf teria morrido na câmara de gás do campo de extermínio de Treblinka, por volta do mês de outubro de 1942. Apenas dois de seus irmãos sobreviveriam à perseguição nazista: Alexander, o irmão mais novo de Sigmund, que conseguiu fugir da Áustria em março de 1938, e Anna Bernays, a mais velha das irmãs, que havia emigrado para os Estados Unidos já em 1892 (E. Roudinesco e M. Plon, *Dicionário de Psicanálise*. Rio de Janeiro: Zahar, 1998, p. 314).

Freud deixa Viena no dia 4 de junho de 1938 e chega a Londres na manhã de 6 de junho para, como anotou em seu diário, "morrer em liberdade".

De fato, após dezesseis meses sob o abrigo inglês e depois de mais de quinze anos de luta contra um câncer no maxilar que se tornara, por fim, inoperável, Freud pede a seu médico particular Max Schur que termine com a tortura e a falta de sentido que tomaram sua vida. Com o consentimento da família, Freud, aos 83 anos de idade, recebe doses de morfina, entra num coma profundo e morre na madrugada do dia 23 de setembro de 1939.

O Compêndio

Tais circunstâncias pessoais e históricas localizariam o momento no qual o *Compêndio da psicanálise* foi concebido.

No entanto, resta certa controvérsia quanto à época exata em que Freud teria iniciado a escrita do manuscrito, se nos meses de apreensão em Viena ou já a salvo em Londres, fato que, evidentemente, determinaria o tom e a intenção do que viria a ser o seu derradeiro testemunho.

Ernest Jones, biógrafo oficial de Freud, assegura que a redação do *Compêndio da psicanálise* foi iniciada durante o período de espera em Viena – abril ou maio de 1938 – e abandonada, ainda incompleta, depois de 63 páginas, em setembro, na Inglaterra. Peter Gay, dando créditos ao registro da data de 22 de julho feito por Freud na página de abertura do texto, afirma que o *Compêndio* foi escrito inteiramente em solo inglês, tendo sido deixado de lado em setembro, em virtude do retorno alarmante dos sintomas de seu câncer e da necessidade de uma nova intervenção cirúrgica. Os dois biógrafos diferem também na compreensão do valor que Freud teria dado a esse trabalho: segundo Jones, Freud se sentia envergonhado pelo resultado obtido, um texto que trazia apenas repetições de ideias antigas, resultado da gestação e do "parto de um natimorto"[5]; Peter Gay, por sua vez, relata que, de acordo com Anna Freud, o manuscrito teria sido redigido com velocidade e energia e que se tornara um "trabalho de férias" divertido para Freud.[6]

De todo modo, querelas à parte, biógrafos e comentadores são unânimes ao afirmar a importância do *Compêndio da psicanálise*. Penúltimo

---

5. Jones, E., *op. cit.*, p. 771.
6. Gay, P., *op. cit.*, p. 572.

texto[7] de Freud, escrito paralelamente à terceira parte de seu polêmico *O homem Moisés e a religião monoteísta*, publicado postumamente no ano de 1940, o *Compêndio da psicanálise* foi recebido como uma exposição sucinta e vigorosa das ideias de um grande pensador em sua maturidade. Um verdadeiro legado para a posteridade.

Logo na introdução Freud apresenta seus objetivos: "Esta pequena obra pretende reunir as teses da psicanálise sob a forma mais concisa e na redação mais categórica, de uma maneira por assim dizer dogmática. Exigir crença e despertar convicção evidentemente não é o seu propósito". E prossegue, convocando a experiência e o conhecimento prévios de seus leitores: "As formulações da psicanálise se apoiam numa profusão imensa de observações e de experiências, e só quem repete essas observações em si mesmo e em outros tomou o caminho que leva a um juízo próprio".

Ao levar em conta tais argumentos, esta nova e excelente tradução da editora L&PM, elaborada

---

[7]. "*Some elementary lessons in psycho-analysis*" ("Algumas lições elementares de psicanálise"), publicado postumamente, em 1940, teria sido o último escrito de Freud. Aparece primeiramente como nota de rodapé ao *Compêndio*, na primeira edição alemã, e depois como apêndice à primeira tradução inglesa do *Compêndio*. O título original está em inglês. Foi redigido em Londres e é datado de 20 de outubro de 1938. Assim como o *Compêndio*, esse pequeno fragmento foi abandonado incompleto por Freud.

por Renato Zwick, rebatiza em português o texto até então conhecido, por nós brasileiros, como "Esboço[8] de psicanálise", e devolve a ele o peso e a substância que possui. A poética ideia de "esboço" faria com que imaginássemos um Freud maduro, pensador cioso de si, denominando modestamente sua última sistematização[9] como um delineamento, um rascunho, ou seja, um texto que traz os contornos ainda iniciais de sua obra. Ora, essa postura humilde não se coadunaria com o homem obstinado, que sempre se opusera à "maioria compacta", que defendeu suas teses até o fim. Para confirmar tal ponto de vista, bastaria, por exemplo, seguir de perto a polêmica em curso quanto à publicação da terceira e última parte de *O homem Moisés e a religião monoteísta*, retomado e terminado em 1938, que recebeu da comunidade científica e religiosa em geral, e da judaica em particular, ataques virulentos. Se Freud não

---

8. A palavra alemã *Abriss*, "compêndio" em português, recebeu as seguintes traduções: em inglês *outline*, em francês *abrégé*, em espanhol *esquema*.

9. Duas outras sistematizações foram elaboradas por Freud. A primeira, um de seus textos mais conhecidos, as *Cinco lições de psicanálise*, publicadas em 1910, resultado das conferências apresentadas em setembro de 1909 nos Estados Unidos, na Clark University, Worcester, Massachusetts, e a segunda, *Conferências de introdução à psicanálise* (1915-1917), fruto de uma série de conferências proferidas entre os anos 1915 e 1917 na Faculdade de Medicina de Viena.

Apresentação: Enfim, Freud

se calara sob a pressão antissemita em Viena, não haveria de abrir concessões na liberdade auferida em Londres, não deixaria de expor suas ideias sobre o homem e seguiria apresentando suas verdades ao mundo.

O *Compêndio da psicanálise*, em seu vigor, apresenta esse mesmo tom de afirmação de verdades e, assim, seu novo título em português restitui ao leitor de língua portuguesa o sentido pleno de um texto que traz a última exposição da doutrina psicanalítica, estabelecida pelo próprio Freud.

Nele encontramos toda inventividade e inovação do pensamento freudiano: uma concepção inédita e ampliada do psíquico e do trabalho de construção do aparelho que o sustenta, na subtração de poder à consciência e à razão e na valorização dos processos inconscientes, uma concepção que propõe um sistema intrincado, formado por diferentes instâncias (o eu, o isso e o supereu) e qualidades psíquicas (inconsciente, pré-consciente e consciente, com seus diferentes modos e lógicas de funcionamento), uma teoria econômica dos impulsos (a dualidade dos impulsos de vida e impulsos de morte) e do gerenciamento da quantidade de tensão em seu interior pela instauração do princípio do prazer/realidade. Estabelece, ainda, um campo expandido para a sexualidade humana (o infantil, o desenvolvimento em dois tempos, a sexualidade na criança, suas várias fases e modos de organização, seus avanços, sobreposições e recuos observáveis nas inibições, fixações e regressões), que, em sua complexidade, permite tanto o entendimento da "normalidade" quanto dos processos de construção das diferentes psicopatologias. O *Compêndio* apresenta ainda a dinâmica do psiquismo, o conflito entre as várias instâncias e suas diferentes moções desejantes, configuradas e mantidas pelo prazer auferido nas fantasias, a presença de defesas e resistências, o uso do recalque como método de manutenção da ignorância sobre nossos próprios desejos e da instauração da divisão do eu.

É também por meio da determinação desse aparelho psíquico que Freud pode compreender o significado de fenômenos humanos cotidianos, supostamente desimportantes, tais como os sonhos, as piadas e trocadilhos, as trocas e os esquecimentos de palavras, os atos sintomáticos, como também a dinâmica de formação, manutenção e os sentidos dos mais terríveis e, paradoxalmente, prazerosos sintomas psíquicos. Ele expõe, ainda, o alcance e os limites do tratamento psicanalítico, que se confronta com a resistência e o recalque, assim como com o desconhecimento deles derivados. Aposta na ampliação e no fortalecimento do eu, por meio do processo de tornar consciente o que fora, defensivamente, tornado inconsciente, ou mesmo, por construir sentido e dar forma, por meio da relação transferencial, ao que nunca pôde ser configurado na experiência do analisando.

Freud aborda, ainda, a relação, também conflituosa, desse aparelho psíquico com o mundo exterior, com o outro. O homem psicanalítico se constitui em sua especificidade na relação simbólica, linguageira, com a alteridade, e estabelece justamente aí sua diferença radical para com os outros animais. Freud demonstra que o outro é a baliza constituinte do eu, tanto no processo civilizatório da espécie – caminho que levaria da horda humana, regida pela força bruta, à configuração da ordem e da justiça, bases da cultura – quanto no processo de desenvolvimento do espécime – aquele caminho que leva do disperso sensível, que é o filhote humano ao nascer, em seu desamparo e vulnerabilidade, bebê que necessita de um grupo familiar que o receba e dê a ele um lugar e uma diferença, também sexual, para poder ser inaugurado no simbólico até sua maturidade. A alteridade – sustentando e sustentada pela linguagem e pela lei – é, portanto, cerne e eixo para a construção do eu. Daí a importância do complexo de Édipo, nuclear para a teoria freudiana, essa fantasia cultural – que insiste e reaparece nas obras literárias do Ocidente como as de Sófocles, Shakespeare, Diderot e Dostoiévski, arroladas por Freud – que ordena as relações recíprocas entre pai/mãe/cria, essa fantasia estruturante reeditada nas relações estabelecidas entre a massa e seus governantes e que, portanto, concentra, imaginariza, atualiza e configura a organização tanto da ontogênese como da filogênese humanas, funcionando, assim, como uma dobradiça, uma báscula entre história e História.

Mas é com relação à centralidade do complexo de Édipo, e das consequências que essa centralidade enseja, que surgem as mais duras críticas, do exterior, mas também do interior do campo psicanalítico, àquilo que Freud pôde nos apresentar. Pois a baliza edipiana, apoiada na concepção de que a diferença anatômica determina o destino e que também é defendida nessa última sistematização da psicanálise estabelecida por Freud, deságua no corolário do discurso falocêntrico, discurso surdo ao valor positivo e positivante das diferentes diferenças.

Apresentação: Enfim, Freud

A psicanálise, é verdade, afirma que, para a criança pré-edipiana e para o neurótico fixado no infantil, há um único sexo, determinado pela posse do pênis ou, o que dá no mesmo, por sua ausência. Tal posição, derivada das teorias sexuais construídas pela criança, poderia, no entanto, ser superada no processo de desenvolvimento psicossexual em prol daquilo que foi designado como genitalidade e que prioriza a alteridade como marca instituinte do próprio eu. Mas é notável que Freud, ainda que reconheça que o fálico e o castrado estejam presentes e estabeleçam marcos psíquicos em ambos os sexos, afirme e insista até o fim na primazia absoluta do desejo infantil, que se conservaria no do adulto, de ter um pênis e, em sua contrapartida, do terror de perdê-lo. O discurso do infantil toma o discurso do próprio Freud, abole a diferença sexual, simplifica-a como desigualdade e reifica, assim, a ideia de um sexo único.

Ter ou não ter – o pênis/falo – pareceria ser mesmo a questão.

Mas seria esse aspecto, essencial à configuração do psiquismo, o único marcador de diferenças? Não seriam, aqui, duas e diferentes potências, duas e diferentes lógicas discursivas, ou seja, ter *e* não ter? Não haveria possibilidade de superação dessa posição infantil sim ou não, *on/off*, por meio da construção madura, genital, do eu e do outro, do outro como alteridade e, portanto, não como falta de algo, mas como posse de algo diferente, nesse caso uma figura do negativo, um vazio que também é?

Quando o discurso freudiano se fixa e adota, com exclusividade, a concepção própria ao infantil sobre a mulher – transformando-a naquela que perdeu seu pênis e que inveja aquele que o possui –, ele não é mais capaz de validar a mulher em sua diferença, em sua negatividade receptiva, como aquela que também possui, que possui um vazio, seu próprio instrumento, uma vagina e um útero. É por esse motivo que, no discurso freudiano, à mulher, presa eterna do conflito edipiano, não caberia destino que não o patológico: a inibição neurótica, a masculinização ou o investimento libidinal no pai, na tentativa de reverter a castração, supostamente consumada, por meio da aquisição de um filho/pênis/falo/prótese. O feminino, o uterino, é, assim, negado em sua especificidade, de sexualidade criadora, de oco propiciador, de convite, de oportunidade, para ser compreendido apenas como "falta de algo", como o protótipo do castrado.

A manutenção estrita da lógica falocêntrica, que tem apenas um único marco de valor, traz, evidentemente, profundas implicações afetivas, cognitivas, estéticas e políticas, para todos, homens e mulheres, pois corresponde à valorização de um discurso ideológico, absolutista, totalizante e simplificador, que sustenta um determinado *status quo*, pelo qual masculino e feminino, variantes dos plenos e faltantes, ricos e pobres, bonitos e feios, enfim, *winners* e *losers*, são desiguais em suas diferenças. Adequa-se a um discurso alienante, acrítico, que implica a devoção à completude e, em sua contrapartida, o horror à falta, um discurso, afeito ao capitalismo, que nos faz acreditar que *ter* é *ser*.

É interessante que Freud, um pensador que revelou o sentido de tantos preconceitos, quebrou tantos paradigmas e transpôs tantos obstáculos, não tenha assumido a radicalidade do que ele mesmo propõe e completado essa virada, adentrando o misterioso continente do feminino, evitando que sua teoria se equiparasse, nesse ponto, às teorias sexuais da criança da fase fálica, aquela incapaz de lidar com a diferença sexual.

Mas, se com relação ao feminino não há avanços, encontramos no *Compêndio* indicações de novos caminhos para duas outras importantes encruzilhadas da clínica psicanalítica: a reflexão quanto à possibilidade de êxito no tratamento de psicóticos e aos efeitos do uso de substâncias químicas como subsídio para o alívio do sofrimento psíquico, campos e questões absolutamente atuais.

O *Compêndio da psicanálise* é, assim, o admirável resultado do derradeiro e comovente esforço de Freud para apresentar de forma concisa e inequívoca o sumo de sua disciplina. Este seu empenho é dirigido, sobretudo, aos iniciados, aos leitores familiarizados com os aspectos principais de sua teoria e também conhecedores da aventura pessoal que esta enseja, e busca, portanto, aquele homem que, por sua experiência, se tornou capaz e disposto a acompanhá-lo, tanto na exposição refinada e ultracondensada de conceitos construídos numa intensa e longa vida de devoção ao trabalho quanto nas novas especulações a que Freud se permite, mesmo no final de sua existência.

Por esses motivos e por outros tantos mais, o *Compêndio da psicanálise* merece nosso profundo reconhecimento. Pede que nós, herdeiros de Freud, tenhamos a mesma coragem e liberdade que o animaram e que, ao nos fertilizarmos com suas ideias, as façamos também nossas, mantendo-nos firmes em nossos desejos e convicções. Como na frase do *Fausto*[10] de Goethe, com a qual Freud fecha o inacabado *Compêndio*: "O que herdaste de teus pais, adquire-o para possuí-lo".

---

10. Goethe, *Fausto*, parte I, cena I ("Noite"), citado anteriormente por Freud em *Totem e Tabu* (1913[1912-1913]).

Compêndio da psicanálise

Nota dos editores alemães

O *Compêndio da psicanálise* foi iniciado em julho de 1938 e ficou incompleto. O trabalho se interrompe na Parte III sem indicações quanto à extensão ou à direção em que se pretendia continuá-lo. O capítulo 3, ao contrário do restante do manuscrito, foi redigido sob a forma de tópicos, com o uso de muitas abreviaturas. Aqui ele foi convertido em frases. O título da Parte I foi tomado de uma versão posterior (outubro de 1938). O trabalho foi publicado na *Internationale Zeitschrift für Psychoanalyse und Imago* [*Revista Internacional de Psicanálise e Imago*], vol. XXV, 1940, n. 1.

Prefácio

Esta pequena obra pretende reunir as teses da psicanálise sob a forma mais concisa e na redação mais categórica, de uma maneira por assim dizer dogmática. Exigir crença e despertar convicção evidentemente não é o seu propósito.

As formulações da psicanálise se apoiam numa profusão imensa de observações e de experiências, e só quem repete essas observações em si mesmo e em outros tomou o caminho que leva a um juízo próprio.[1]

---

1. Esse prefácio aparece apenas na primeira publicação do *Compêndio*, em 1940, na *Internationale Zeitschrift für Psychoanalyse und Imago* [*Revista Internacional de Psicanálise e Imago*], tendo sido omitido por descuido quando de sua reedição nas *Gesammelte Werke* [*Obras reunidas*], em 1941. (N.T.)

Parte I
A NATUREZA DO PSÍQUICO

Capítulo 1

O APARELHO PSÍQUICO

A psicanálise faz uma suposição básica cuja discussão fica reservada ao pensamento filosófico e cuja justificação se encontra em seus resultados. Daquilo que chamamos de nossa psique (vida psíquica), conhecemos duas coisas: em primeiro lugar, o órgão físico e cenário dela, o cérebro (sistema nervoso); por outro lado, nossos atos de consciência, que são dados imediatamente e não nos podem ser esclarecidos por nenhuma descrição. Tudo o que está entre os dois nos é desconhecido; não há uma relação direta entre os dois pontos terminais de nosso conhecimento. Se ela existisse, no máximo forneceria uma localização exata dos processos da consciência e nada faria por sua compreensão.

Nossas duas hipóteses partem desses fins ou começos de nosso conhecimento. A primeira diz respeito à localização.[1] Supomos que a vida psíquica é a função de um aparelho ao qual atribuímos extensão espacial e composição por

---
1. A segunda é apresentada na p. 72. (N.T.)

várias partes, ou seja, que imaginamos semelhante a um telescópio, um microscópio e afins. O desenvolvimento coerente de tal ideia, apesar de certa aproximação já tentada, é uma novidade científica.

Chegamos ao conhecimento desse aparelho psíquico por meio do estudo do desenvolvimento individual do ser humano. Chamamos de *isso* a mais antiga dessas províncias ou instâncias psíquicas; seu conteúdo é tudo aquilo que é herdado, trazido com o nascimento, estabelecido constitucionalmente; sobretudo, portanto, os impulsos[2] que provêm da organização física, impulsos que aqui encontram uma primeira expressão psíquica cujas formas nos são desconhecidas.[3]

Sob a influência do mundo exterior real que nos circunda, uma parte do isso experimentou um desenvolvimento especial. O que era originalmente uma camada cortical dotada dos órgãos para a recepção de estímulos e dos dispositivos para a proteção contra estímulos se transformou numa organização especial que desde então serve de mediadora entre o isso e o mundo exterior.

---

2. Em alemão, *Triebe*. Salvo indicação em contrário, "impulso" corresponde sempre a *Trieb*. (N.T.)

3. Essa parte mais antiga do aparelho psíquico permanece sendo a mais importante durante toda a vida. Também foi com ela que começou o trabalho de investigação da psicanálise.

Capítulo I – O aparelho psíquico

A esse distrito de nossa vida psíquica demos o nome de *eu*.

As principais características do eu. Em consequência da relação pré-formada entre a percepção sensorial e a ação muscular, o eu dispõe dos movimentos voluntários. Ele tem a tarefa da autoconservação; cumpre-a para fora, tomando conhecimento dos estímulos, armazenando experiências sobre eles (na memória), evitando estímulos demasiado intensos (por meio de fuga), confrontando estímulos moderados (por meio de adaptação) e por fim aprendendo a modificar convenientemente o mundo exterior em seu favor (atividade); cumpre-a para dentro em relação ao isso obtendo o domínio sobre as exigências dos impulsos, decidindo se deve admitir a satisfação dessas exigências, adiando tal satisfação para momentos e circunstâncias favoráveis no mundo exterior ou reprimindo totalmente suas excitações. Em sua atividade, o eu é guiado pelas considerações quanto às tensões de estímulo nele existentes ou nele introduzidas. A elevação dessas tensões geralmente é sentida como *desprazer*; sua diminuição, como *prazer*. Mas o que é sentido como prazer e desprazer provavelmente não são os níveis absolutos dessa tensão de estímulo, e sim algo no ritmo de sua modificação. O eu aspira ao prazer e quer evitar o desprazer. Uma intensificação esperada, prevista, do desprazer é respondida com o *sinal de medo*; o motivo dessa intensificação, quer ele ameace de fora ou de dentro, chama-se *perigo*. De tempos em tempos, o eu desfaz sua ligação com o mundo exterior e se retira ao estado de sono, no qual modifica consideravelmente sua organização. Do estado de sono cabe deduzir que essa organização consiste em uma distribuição especial da energia psíquica.

Como precipitado do longo período de infância durante o qual o ser humano em desenvolvimento vive na dependência de seus pais, forma-se no seu eu uma instância especial em que essa influência parental tem continuidade. Ela recebeu o nome de *supereu*. Na medida em que esse supereu se separa do eu ou a ele se contrapõe, ele é um terceiro poder que o eu tem de levar em conta.

Assim, uma ação do eu é correta quando satisfaz ao mesmo tempo as exigências do isso, do supereu e da realidade, ou seja, quando consegue conciliar suas reivindicações entre si. Os pormenores da relação entre eu e supereu se tornam inteiramente compreensíveis pela referência à relação da criança com seus pais. Naturalmente, na influência parental não agem

Capítulo 1 – O aparelho psíquico

apenas a índole pessoal dos pais, mas também a influência da tradição familiar, racial e popular por eles reproduzida, bem como as exigências do respectivo meio social por eles representadas. Da mesma forma, no curso do desenvolvimento individual o supereu acolhe contribuições da parte de posteriores continuadores e substitutos dos pais, como educadores, modelos públicos e ideais respeitados na sociedade. Vê-se que o isso e o supereu, apesar de sua diferença fundamental, apresentam a coincidência de representar as influências do passado: o isso, as do passado herdado, e o supereu, no essencial, as influências do passado tomadas de outras pessoas, enquanto o eu é determinado principalmente por aquilo que ele próprio vivenciou, ou seja, por coisas acidentais e atuais.

Esse esquema geral de um aparelho psíquico também será admitido para os animais superiores, psiquicamente semelhantes ao homem. Cabe supor um supereu toda vez que, como no ser humano, existir um longo período de dependência infantil. É inevitável supor uma separação entre eu e isso.

A psicologia animal ainda não abordou a interessante tarefa que daí resulta.

Capítulo 2

Teoria dos impulsos

O poder do isso expressa o autêntico propósito vital do indivíduo. Ele consiste em satisfazer suas necessidades inatas. O propósito de se conservar com vida e de se proteger por meio do medo dos perigos não pode ser atribuído ao isso. Essa é a tarefa do eu, que também tem de descobrir o gênero de satisfação mais favorável e mais isenta de perigos levando em conta o mundo exterior. O supereu pode fazer valer novas necessidades, mas a sua função principal continua sendo a restrição das satisfações.

Chamamos de *impulsos* as forças que supomos existir por trás das tensões de necessidade do isso. Eles representam as exigências físicas feitas à vida psíquica. Embora sejam a causa última de toda atividade, são de natureza conservadora; de cada estado que um ser alcançou, resulta uma ânsia de restabelecer esse estado tão logo ele tenha sido abandonado. Pode-se assim distinguir um número indeterminado de impulsos, o que também é feito no uso corriqueiro. É significativa para nós a possibilidade de reduzir todos esses múltiplos impulsos a alguns poucos impulsos fundamentais. Ficamos sabendo que os impulsos podem modificar sua meta (mediante deslocamento) e também que podem se substituir uns aos outros pela passagem da energia de um impulso a outro. Este último processo ainda é muito pouco compreendido. Depois de muitas hesitações e vacilos nos decidimos a aceitar apenas dois impulsos fundamentais: *eros* e *impulso de destruição*. (A oposição entre impulso de autoconservação e de conservação da espécie, bem como aquela entre amor ao eu e amor ao objeto, ainda entram no âmbito de eros.) A meta do primeiro é produzir unidades cada vez maiores e assim conservá-las, ou seja, produzir ligações; a meta do outro, ao contrário, é desfazer conexões e assim destruir as coisas. Quanto ao impulso de destruição, podemos pensar que sua meta última parece ser a de levar as coisas vivas ao estado inorgânico. Por isso também o chamamos de *impulso de morte*. Se admitirmos que as coisas vivas vieram depois das inanimadas e delas surgiram, o impulso de morte se sujeita à mencionada fórmula de que um impulso aspira pelo retorno a um estado anterior. Não podemos aplicar isso a eros

Capítulo 2 – Teoria dos impulsos

(ou impulso amoroso). Tal aplicação pressuporia que a substância viva tenha sido um dia uma unidade que então foi rompida e que agora aspira pela reunificação.[4]

Nas funções biológicas, os dois impulsos fundamentais atuam um contra o outro ou se combinam entre si. Assim, o ato de comer é uma destruição do objeto com a meta última da incorporação; o ato sexual, uma agressão com o propósito da mais íntima união. Essa ação conjunta e oposta dos dois impulsos básicos produz toda a variedade dos fenômenos vitais. Indo além do âmbito das coisas vivas, a analogia de nossos dois impulsos fundamentais leva ao par de opostos da atração e da repulsão que domina no inorgânico.[5]

Alterações na proporção de mistura dos impulsos têm as mais palpáveis consequências. Um acréscimo considerável de agressão sexual transforma o amante num assassino estuprador; uma redução pronunciada do fator agressivo torna-o tímido ou impotente.

Está absolutamente fora de questão limitar um ou outro dos impulsos fundamentais a uma

---

4. Houve poetas que fantasiaram coisas semelhantes; não conhecemos nada correspondente na história da substância viva.
5. A descrição das forças fundamentais ou impulsos, contra a qual os analistas ainda resistem de muitas maneiras, já era familiar ao filósofo Empédocles de Ácragas.

das províncias psíquicas. Eles têm de ser encontrados em toda parte. Imaginamos um estado inicial da seguinte maneira: toda a energia disponível de eros, que a partir deste ponto chamaremos de *libido*, encontra-se no isso-eu ainda indiferenciado e serve para neutralizar as tendências destrutivas presentes ao mesmo tempo. (Para a energia do impulso de destruição nos falta um termo análogo a "libido".) Mais tarde, é relativamente fácil para nós acompanhar os destinos da libido; no caso do impulso de destruição isso é mais difícil.

Esse impulso permanece mudo pelo tempo em que atua no interior sob a forma de impulso de morte; ele apenas se apresenta a nós quando é voltado para fora sob a forma de impulso destrutivo. O fato de isso acontecer parece uma necessidade para a conservação do indivíduo. O sistema muscular serve a essa derivação. Com a instauração do supereu, montantes consideráveis do impulso agressivo são fixados no interior do eu e ali atuam de maneira autodestrutiva. É um dos riscos higiênicos que o ser humano toma sobre si em seu caminho rumo ao desenvolvimento cultural. Conter a agressão geralmente não é saudável, atua de maneira adoecedora [*krankmachend*] (ofensa) [(*Kränkung*)]. A passagem da agressão impedida à autodestruição por meio da volta da agressão contra a própria pessoa é demonstrada muitas vezes por uma pessoa num ataque de fúria, quando ela se arranca os cabelos e esmurra o próprio rosto, sendo evidente que teria preferido aplicar esse tratamento a outra pessoa. De todo modo, uma parcela de autodestruição permanece no interior até que finalmente consiga matar o indivíduo, talvez apenas quando sua libido tiver acabado ou se fixado de maneira desvantajosa. Assim sendo, podemos supor de maneira geral que o indivíduo morre devido aos seus conflitos interiores, e a espécie, em compensação, devido à sua luta fracassada com o mundo exterior quando este se transforma de tal maneira que as adaptações conquistadas pela espécie não bastam.

É difícil dizer alguma coisa sobre o comportamento da libido no isso e no supereu. Tudo o que sabemos a respeito se refere ao eu, no qual se encontra inicialmente armazenado todo o montante disponível de libido. Chamamos esse estado de *narcisismo* primário absoluto. Ele perdura até que o eu começa a investir as representações dos objetos com libido, a converter libido narcísica em *libido objetal*. Ao longo de toda a vida, o eu permanece sendo o grande reservatório a partir do qual os investimentos libidinais são enviados aos objetos e para o qual também são recolhidos, tal como um corpo protoplasmático procede com seus pseudópodes. É apenas no estado de um completo enamoramento que o montante principal da libido é transferido ao objeto; o objeto se coloca de certo modo no lugar do eu. Uma característica importante na vida é a *mobilidade* da libido, a facilidade com que ela passa de um objeto a outros. Em oposição a isso se encontra a *fixação* da libido em determinados objetos, que muitas vezes perdura ao longo da vida.

É inequívoco que a libido tem fontes somáticas, que ela aflui ao eu de diferentes órgãos e regiões do corpo. Vemos isso da maneira mais clara naquela parcela da libido que, segundo sua meta impulsional, é designada como excitação sexual. Distinguimos com o nome de *zonas erógenas* as regiões do corpo mais destacadas das quais parte essa libido, mas na verdade o corpo inteiro é uma tal zona erógena. O melhor que sabemos de eros – ou seja, de seu expoente, a libido – foi obtido pelo estudo da função sexual, que na concepção corrente, embora não em nossa teoria, coincide com ele. Pudemos fazer uma imagem de como a aspiração sexual, que está destinada a influenciar nossa vida de maneira decisiva, se desenvolve gradativamente a partir das contribuições sucessivas de vários impulsos parciais que representam zonas erógenas determinadas.

Capítulo 3

O DESENVOLVIMENTO DA FUNÇÃO SEXUAL

Segundo a concepção corrente, a vida sexual humana consiste essencialmente no esforço de colocar os próprios genitais em contato com os de uma pessoa do outro sexo. Beijar, olhar e tocar esse corpo alheio surgem aí como fenômenos concomitantes e ações preliminares. Esse esforço surgiria com a puberdade, ou seja, na idade da maturidade sexual, e serviria à reprodução. No entanto, sempre foram conhecidos certos fatos que não se encaixam nos estreitos limites dessa concepção. 1) É notável que existam pessoas que sejam atraídas apenas por indivíduos do próprio sexo e suas genitálias. 2) É igualmente notável que existam pessoas cujos desejos se comportem exatamente como os sexuais, mas que ao mesmo tempo prescindam inteiramente dos órgãos sexuais ou de seu uso normal; tais seres humanos são chamados de perversos. 3) E chama a atenção, finalmente, que muitas crianças – que por isso são consideradas degeneradas – mostrem interesse por seus genitais e sinais de excitação deles num momento muito precoce.

É compreensível que a psicanálise tenha causado escândalo e oposição quando, em parte se reportando a esses três fatos menosprezados, contradisse todas as opiniões populares sobre a sexualidade. Seus principais resultados são os seguintes:

a) A vida sexual não começa apenas com a puberdade, mas tem início logo depois do nascimento, com manifestações claras.

b) É necessário distinguir nitidamente entre os conceitos de "sexual" e "genital". O primeiro é o mais amplo e abrange muitas atividades que nada têm a ver com os genitais.

c) A vida sexual abrange a função do ganho de prazer a partir de zonas corporais, função que é colocada *a posteriori* a serviço da reprodução. Muitas vezes, as duas funções não chegam a coincidir completamente.

O interesse principal se dirige naturalmente à primeira afirmação, a mais inesperada de todas. Mostrou-se que na primeira infância há sinais de atividade corporal aos quais apenas um antigo preconceito pôde recusar o nome de sexuais e que estão ligados a fenômenos psíquicos que encontramos mais tarde na vida amorosa adulta, como

Capítulo 3 – O desenvolvimento da função sexual

por exemplo a fixação em determinados objetos, o ciúme etc. Mas, indo além disso, mostra-se que esses fenômenos que surgem na primeira infância fazem parte de um desenvolvimento sujeito a leis, passam por uma intensificação regular e alcançam, por volta do final do quinto ano de vida, um ponto culminante, então seguido por uma pausa. Durante essa pausa, o progresso se detém, muitas coisas são desaprendidas e involuem. Após o transcurso desse assim chamado período de latência, a vida sexual continua com a puberdade; poderíamos dizer que ela volta a florescer. Topamos aqui com um *começo em dois tempos* da vida sexual, que não é conhecido exceto no caso do ser humano e evidentemente é muito importante para a hominização.[6] Não é indiferente que os acontecimentos desse período precoce da sexualidade, salvo alguns restos, sejam vítima da *amnésia infantil*. Nossos pontos de vista sobre a etiologia das neuroses e nossa técnica de terapia

---

6. Ver a hipótese de que o ser humano descende de um mamífero que ficava sexualmente maduro aos cinco anos. Alguma grande influência externa sobre a espécie teria então perturbado o desenvolvimento retilíneo da sexualidade. Poderiam estar ligadas a isso outras transformações da vida sexual do ser humano em comparação com o animal; por exemplo, a supressão da periodicidade da libido e o uso do papel da menstruação na relação entre os sexos.

analítica têm essas concepções como ponto de partida. A observação dos processos evolutivos desse período precoce também forneceu provas para outras afirmações.

O primeiro órgão que surge como zona erógena e faz uma exigência libidinosa à psique é, desde o nascimento, a boca. Toda a atividade psíquica é de início orientada para proporcionar satisfação à necessidade dessa zona. Naturalmente, esta serve em primeiro lugar à autoconservação por meio da nutrição, mas não se pode confundir fisiologia com psicologia. No sugar da criança, em que ela insiste com obstinação, mostra-se muito cedo uma necessidade de satisfação que – embora partindo da assimilação de alimentos e por ela estimulada – aspira pelo ganho de prazer independentemente da nutrição e que por isso pode e deve ser chamada de *sexual*.

Já durante essa fase oral surgem, com o aparecimento dos dentes, impulsos sádicos [*sadistische Impulse*] de maneira isolada. Sua proporção é muito maior na segunda fase, que chamamos de sádico-anal, pois nela a satisfação é buscada na agressão e na função excretora. O direito de incluir as aspirações agressivas na categoria de libido se fundamenta na concepção de que o

Capítulo 3 – O desenvolvimento da função sexual

sadismo é uma mistura de impulsos formada de aspirações puramente libidinosas e de aspirações puramente destrutivas, uma mistura que a partir de então não cessará.[7]

A terceira é a assim chamada fase fálica, que, por assim dizer como precursora, já é muito semelhante à conformação final da vida sexual. É notável que não desempenhem um papel nela os genitais de ambos os sexos, e sim apenas o masculino (falo). O genital feminino permanece ignorado por longo tempo; em sua tentativa de compreender os processos sexuais, a criança defende a respeitável teoria cloacal, que geneticamente tem sua justificativa.[8]

Com e durante a fase fálica, a sexualidade da primeira infância alcança seu apogeu e se aproxima do declínio. A partir de agora o menino e a menina têm destinos separados. Ambos começaram a colocar sua atividade intelectual

---

7. Surge a questão de saber se a satisfação de moções de impulso puramente destrutivas pode ser sentida como prazer, se a destruição pura ocorre sem acréscimo libidinoso. A satisfação do impulso de morte que permaneceu no eu não parece produzir sensações de prazer, embora o masoquismo represente uma mistura inteiramente análoga ao sadismo.

8. Excitações vaginais precoces são mencionadas com frequência, mas muito provavelmente se trata de excitações do clitóris, ou seja, de um órgão análogo ao pênis, o que não invalida a justificativa de chamar essa fase de fálica.

a serviço da investigação sexual, ambos partem do pressuposto da existência universal do pênis. Mas agora os caminhos dos sexos se separam. O menino entra na fase edípica, começa a atividade manual com o pênis enquanto tem fantasias com alguma atividade sexual envolvendo esse órgão e a mãe, até que, devido à ação conjunta de uma ameaça de castração e da visão da ausência de pênis na mulher, experimenta o maior trauma de sua vida, que dá início ao período de latência com todas as suas consequências. A menina, depois da tentativa frustrada de imitar o menino, experimenta o reconhecimento de sua falta de pênis – ou melhor, da inferioridade de seu clitóris – com consequências duradouras para o desenvolvimento do seu caráter; devido a essa primeira desilusão na rivalidade, tal reconhecimento muitas vezes é acompanhado de um primeiro afastamento da vida sexual em geral.

Seria equivocado acreditar que essas três fases se sucedem uma à outra de maneira simples; uma se acrescenta à outra, elas se superpõem, se justapõem. Nas primeiras fases, cada um dos impulsos parciais busca o ganho de prazer de maneira independente do outro; na fase fálica começam os primórdios de uma organização

Capítulo 3 – O desenvolvimento da função sexual

que subordina as outras aspirações ao primado dos genitais e significa que a aspiração universal por prazer começa a ser adaptada à função sexual. A organização completa é alcançada apenas por meio da puberdade em uma quarta fase, a genital. Então se produziu um estado em que 1) muitos dos primeiros investimentos libidinais se conservaram, 2) outros são acolhidos na função sexual sob a forma de atos preparatórios, auxiliares, cuja satisfação produz o assim chamado prazer preliminar e 3) outras aspirações são excluídas da organização, sendo ou totalmente reprimidas (recalcadas) ou experimentando outra utilização no eu, formando traços de caráter, sofrendo sublimações com deslocamentos de meta.

Esse processo não se completa sempre de maneira impecável. As inibições em seu desenvolvimento se manifestam sob a forma de variadas perturbações da vida sexual. Existem fixações da libido em estados de fases anteriores, cuja aspiração, independente da meta sexual normal, é chamada de *perversão*. Uma dessas inibições do desenvolvimento, por exemplo, é a homossexualidade, quando manifesta. A análise demonstra que uma ligação objetal homossexual existiu em todos os casos e na maioria deles também se conservou *de maneira latente*. A situação se torna complicada não porque em geral os processos requeridos para a produção do desfecho normal não se completam ou faltam, mas porque se completam *parcialmente*, de modo que a conformação final permanece dependente dessas relações *quantitativas*. É verdade que a organização genital foi então alcançada, mas ela está enfraquecida devido àquelas parcelas de libido que não tomaram parte nela e permaneceram fixadas em objetos e metas pré-genitais. Esse enfraquecimento se mostra na tendência da libido a voltar a investimentos pré-genitais anteriores (*regressão*) em caso de não satisfação genital ou dificuldades reais.

Durante o estudo das funções sexuais pudemos adquirir uma primeira e provisória convicção – melhor dizendo, uma noção – de duas compreensões que mais tarde se mostrarão importantes em todo este campo. Em primeiro lugar, que os fenômenos normais e anormais que observamos – isto é, a fenomenologia – exigem uma descrição do ponto de vista da dinâmica e da economia (em nosso caso, da divisão quantitativa da libido); e, em segundo lugar, que a etiologia das perturbações que estudamos deve ser buscada na história evolutiva do indivíduo, ou seja, no primeiro período de sua vida.

Capítulo 4

Qualidades psíquicas

Descrevemos a construção do aparelho psíquico, as energias ou forças que atuam nele e observamos mediante um excelente exemplo de que forma essas energias, sobretudo a libido, se organizam numa função fisiológica que serve à conservação da espécie. Nada havia aí que justificasse o caráter totalmente peculiar do psíquico, desconsiderando-se, naturalmente, o fato empírico de que esse aparelho e essas energias se encontram na base das funções que chamamos de nossa vida psíquica. Voltemo-nos à única coisa característica desse psíquico, àquilo que, segundo uma opinião muito difundida, coincide com ele e exclui outras coisas.

O ponto de partida para essa investigação é dado pelo fato da consciência, fato incomparável que resiste a qualquer explicação e descrição. Apesar disso, quando se fala de consciência logo se sabe de imediato, a partir da experiência mais pessoal, o que está em questão.[9] Para muitos,

---

9. Uma orientação extrema como o behaviorismo, surgido nos Estados Unidos, acredita poder construir uma psicologia que não considere esse fato fundamental!

tanto na ciência como fora dela, basta supor que a consciência é, só ela, o psíquico, e então não resta outra coisa a fazer na psicologia senão distinguir dentro da fenomenologia psíquica entre percepções, sentimentos, processos de pensamento e atos de vontade. Mas esses processos conscientes, segundo a concordância geral, não formam séries sem lacunas, fechadas em si mesmas, de modo que não restaria outra coisa senão supor processos concomitantes do psíquico, físicos ou somáticos, aos quais se tem de conceder uma completude maior do que às séries psíquicas, visto que alguns deles têm processos paralelos conscientes, mas outros não. Assim, é naturalmente óbvio na psicologia colocar a ênfase nesses processos somáticos, reconhecer neles o propriamente psíquico e buscar outra apreciação para os processos conscientes. Contudo, tanto a maioria dos filósofos quanto muitas outras pessoas resistem a isso e declaram que um psíquico inconsciente é um contrassenso.

O que a psicanálise tem de fazer é precisamente colocar tal ênfase, e esta é a sua segunda hipótese fundamental. Ela declara que os supostos processos somáticos concomitantes são o propriamente psíquico, ao mesmo tempo em que desconsidera inicialmente a qualidade da consciência. Ela não está sozinha nisso. Alguns pensadores, como por exemplo Theodor Lipps,

Capítulo 4 – Qualidades psíquicas

expressaram a mesma coisa nas mesmas palavras, e a insatisfação geral com a concepção usual do psíquico teve por consequência que um conceito de inconsciente reclamasse de forma cada vez mais urgente sua aceitação no pensamento psicológico, embora de maneira tão vaga e impalpável que não conseguiu influenciar a ciência.[10]

---

10. *Nota da redação: no espólio há outra versão (de outubro de 1938) sobre o mesmo assunto, que reproduzimos parcialmente aqui:*

"E então sucede o fato curioso de todos – quase todos – serem unânimes em afirmar que o psíquico realmente tem uma característica comum em que se expressa sua essência. Trata-se da característica da *consciência*, característica única, indescritível, mas que também não carece de uma descrição. Tudo o que é consciente seria psíquico, e, inversamente, tudo o que é psíquico também seria consciente. Isso seria óbvio, e qualquer oposição, absurda. Não se pode afirmar que com essa decisão tenha recaído muita luz sobre a essência do psíquico, pois diante da consciência, um dos fatos fundamentais de nossa vida, a pesquisa se encontra como que diante de um muro. Ela não encontra caminho algum que leve mais adiante. Da equiparação do psíquico e do consciente também resultou a consequência desagradável de os processos psíquicos terem sido arrancados do contexto dos acontecimentos do mundo e contrapostos, como algo estranho, a todos os outros processos. Mas isso não era aceitável, pois não se pôde ignorar por muito tempo que os fenômenos psíquicos dependem em alto grau de influências físicas e, por sua parte, exercem os mais fortes efeitos sobre os processos somáticos. Se o pensamento humano alguma vez levou a um beco sem saída, então foi neste caso. Para encontrar uma saída, pelo menos os filósofos tiveram de fazer a suposição de que existem processos orgânicos paralelos aos processos psíquicos conscientes, subordinados a eles de uma maneira difícil de explicar, que mediariam a ação recíproca entre 'corpo e alma' e incluiriam o psíquico outra vez na estrutura da vida. Mas essa solução não era satisfatória. (continua)

Parte I – A natureza do psíquico

(cont.) "A psicanálise escapou dessas dificuldades ao contestar energicamente a equiparação entre o psíquico e o consciente. Não, a consciência não pode ser a essência do psíquico, ela é apenas uma qualidade dele, e, mais exatamente, uma qualidade inconstante, cuja ausência é percebida com uma frequência muito maior do que sua presença. O psíquico em si, qualquer que seja sua natureza, é inconsciente, provavelmente de tipo semelhante a todos os outros processos da natureza de que tomamos conhecimento.

"Consideramos que a questão da relação do consciente com o psíquico esteja agora resolvida: a consciência é apenas uma qualidade (propriedade) – além disso inconstante – do psíquico. Ainda temos de nos acautelar contra uma objeção que nos diz que, apesar dos fatos mencionados, não seria necessário renunciar à identidade entre consciente e psíquico. Os assim chamados processos psíquicos inconscientes seriam os processos orgânicos paralelos do psíquico, há muito admitidos. Contudo, isso rebaixaria nosso problema a uma questão aparentemente indiferente de definição. Respondemos que seria injustificado e muito inoportuno quebrar a unidade da vida psíquica em favor de uma definição quando vemos, afinal, que a consciência só pode nos fornecer séries de fenômenos incompletas e lacunosas. Também dificilmente será um acaso que apenas depois da mudança na definição do psíquico tenha sido possível criar uma teoria abrangente e coerente da vida psíquica.

"Aliás, não se deve acreditar que essa outra concepção do psíquico seja uma novidade que se deva à psicanálise. Um filósofo alemão, Theodor Lipps, anunciou com todo o rigor que o psíquico é em si inconsciente, que o inconsciente é o propriamente psíquico. O conceito de inconsciente já batia há muito tempo nos portões da psicologia pedindo para entrar. A filosofia e a literatura brincaram bastante com ele, mas a ciência não soube empregá-lo. A psicanálise se apoderou desse conceito, levou-o a sério, preencheu-o com novo conteúdo. Suas investigações levaram ao conhecimento de características até então insuspeitadas do psíquico inconsciente e descobriram algumas das leis que vigem nele. Porém, tudo isso não quer dizer que a qualidade da consciência tenha perdido sua importância para nós. Ela continua sendo a única luz que nos ilumina e guia na escuridão da vida psíquica. (continua)

Capítulo 4 – Qualidades psíquicas

Parece que nessa diferença entre a psicanálise e a filosofia se trata apenas de uma questão indiferente de definição, de saber se devemos atribuir o nome "psíquico" a uma ou outra série. Na realidade, esse passo se tornou altamente significativo. Enquanto na psicologia da consciência nunca se foi além daquelas séries lacunosas, aparentemente dependentes de outro lugar, a outra concepção, a de que o psíquico é em si inconsciente, permitiu dar à psicologia a forma de uma ciência natural como qualquer outra. Os processos de que ela se ocupa são em si exatamente tão incognoscíveis quanto os de outras ciências, as químicas ou físicas, mas é possível determinar as leis a que obedecem, acompanhar sem lacunas suas relações e dependências mútuas por longos trechos, ou seja, aquilo que é chamado de compreensão do campo de fenômenos naturais em questão. Não podem faltar aí novas hipóteses e a criação de novos conceitos, mas não cabe desprezá-los como testemunhos de nosso embaraço, e sim avaliá-los como enriquecimentos da ciência; eles

---

(cont.) Devido à natureza especial de nossa descoberta, nosso trabalho científico na psicologia consistirá em traduzir processos inconscientes em conscientes, preenchendo dessa maneira as lacunas da percepção consciente." [Essa nota consta apenas da primeira edição do *Compêndio*, publicada no periódico *Internationale Zeitschrift für Psychoanalyse und Imago*. (N.T.)]

têm direito ao mesmo valor aproximativo que as respectivas construções intelectuais auxiliares em outras ciências naturais e aguardam modificações, retificações e uma determinação mais fina por meio da experiência acumulada e peneirada. Então também corresponde inteiramente à nossa expectativa que os conceitos fundamentais da nova ciência, seus princípios (impulso, energia nervosa, entre outros), permaneçam por longo tempo tão indeterminados quanto os das ciências mais antigas (força, massa, atração).

Todas as ciências se apoiam em observações e experiências mediadas pelo nosso aparelho psíquico. Porém, visto que nossa ciência tem esse mesmo aparelho por objeto, a analogia acaba aqui. Fazemos nossas observações por meio desse mesmo aparelho perceptivo, precisamente com o auxílio das lacunas no psíquico, complementando por meio de deduções evidentes o que foi omitido e traduzindo-o em material consciente. Assim, produzimos como que uma série complementar consciente do psíquico inconsciente. A certeza relativa de nossa ciência psíquica se apoia na obrigatoriedade dessas conclusões. Quem se aprofundar nesse trabalho descobrirá que nossa técnica resiste a qualquer crítica.

Durante esse trabalho, impõem-se a nós

Capítulo 4 – Qualidades psíquicas

as distinções que designamos de qualidades psíquicas. Não precisamos caracterizar o que chamamos de consciente; é o mesmo que a consciência dos filósofos e da opinião popular. Tudo o mais que for psíquico constitui para nós o inconsciente. Logo somos levados a supor nesse inconsciente uma importante separação. Alguns processos se tornam facilmente conscientes, então deixam de sê-lo, mas podem se torná-lo outra vez sem esforço; como se diz, podem ser reproduzidos ou recordados. A propósito disso, somos lembrados de que a consciência em geral é apenas um estado altamente fugaz. O que é consciente o é por apenas um momento. Se nossas percepções não confirmam isso, trata-se apenas de uma contradição aparente; ela provém do fato de os estímulos da percepção poderem persistir por longos períodos, de modo que a percepção possa se repetir. Todo esse estado de coisas se torna claro no caso da percepção consciente de nossos processos de pensamento, que, é verdade, também persistem, mas que podem igualmente ter se escoado num instante. Por isso, preferimos chamar de "capaz de consciência" ou *pré-consciente* tudo o que for inconsciente e se comportar dessa maneira, trocando tão facilmente o estado inconsciente pelo consciente. A experiência nos ensinou que dificilmente há um processo psíquico, por mais complicado que seja, que ocasionalmente não poderia permanecer pré-consciente, embora em geral penetre até a consciência, conforme dizemos.

Outros processos e conteúdos psíquicos não têm um acesso assim tão fácil à conscientização[11], mas têm de ser deduzidos, descobertos e traduzidos para a expressão consciente da maneira descrita. Para eles reservamos o nome de inconsciente propriamente dito. Atribuímos aos processos psíquicos, portanto, três qualidades: ou são conscientes, pré-conscientes ou inconscientes. A separação entre as três classes de conteúdos que portam essas qualidades não é absoluta nem permanente. O que é pré-consciente se torna consciente, como vemos, sem nossa intervenção; o inconsciente pode ser tornado consciente por meio de nosso esforço, sendo que ao fazê-lo podemos ter a sensação de que muitas vezes superamos resistências muito fortes. Quando fazemos essa tentativa em outro indivíduo não podemos esquecer que o preenchimento consciente de suas lacunas perceptivas, a construção que lhe damos, ainda não significa que tornamos consciente nele

---

11. Em alemão, *Bewusstwerden*, forma substantivada da expressão *bewusst werden*, "tornar-se consciente". (N.T.)

Capítulo 4 – Qualidades psíquicas

o conteúdo inconsciente em questão. Significa, isso sim, que esse conteúdo existe nele de início numa fixação dupla: na reconstrução consciente de que tomou conhecimento e, além disso, em seu estado inconsciente original. Na maioria das vezes, nosso esforço continuado consegue tornar-lhe consciente esse inconsciente, o que leva as duas fixações a coincidirem. A medida de nosso esforço, segundo a qual avaliamos a resistência à conscientização, é diferente em cada caso. Aquilo que no tratamento analítico, por exemplo, constitui o sucesso de nosso esforço também pode acontecer de maneira espontânea; um conteúdo normalmente inconsciente pode se transformar em pré-consciente e então se tornar consciente, tal como acontece em grande escala nos estados psicóticos. Concluímos disso que a manutenção de determinadas resistências interiores é uma condição da normalidade. Em geral, tal diminuição das resistências acompanhada da consequente penetração de conteúdo inconsciente sucede no estado de sono, o que produz a condição para a formação dos sonhos. De maneira inversa, um conteúdo pré-consciente pode se tornar momentaneamente inacessível, ser bloqueado por resistências, tal como é o caso no esquecimento momentâneo (quando algo escapa da memória), ou um pensamento pré-consciente pode mesmo ser reenviado momentaneamente ao estado inconsciente, o que parece ser a condição do chiste. Veremos que tal retransformação de conteúdos (ou processos) pré-conscientes para o estado inconsciente desempenha um grande papel na causa das perturbações neuróticas.

Apresentada dessa maneira geral e simplificada, a teoria das três qualidades do psíquico parece mais uma fonte de inabarcável confusão que uma contribuição ao esclarecimento. Porém, cabe não esquecer que ela não é propriamente uma teoria, e sim um primeiro relatório de prestação de contas sobre os fatos de nossas observações, que ela se atém o mais próximo possível a esses fatos e não tenta esclarecê-los. As complicações que ela descobre poderão tornar compreensíveis as dificuldades especiais que a nossa pesquisa tem de combater. Porém, é provável que também nos familiarizemos mais com essa teoria quando seguirmos as relações que se produzem entre as qualidades psíquicas e as províncias ou instâncias do aparelho psíquico supostas por nós. No entanto, também essas relações são tudo menos simples.

A conscientização é ligada sobretudo às percepções que nossos órgãos sensoriais obtêm

Capítulo 4 – Qualidades psíquicas

do mundo exterior. Para a consideração tópica, trata-se portanto de um fenômeno que se passa na camada cortical mais externa do eu. Contudo, também recebemos notícias conscientes do interior do corpo, os sentimentos, que inclusive influenciam nossa vida psíquica de maneira mais imperiosa do que as percepções exteriores, e, sob certas circunstâncias, os órgãos sensoriais também fornecem sentimentos, sensações de dor, além de suas percepções específicas. Porém, podemos manter a afirmação feita acima, visto que essas sensações, como são chamadas para diferenciá-las das percepções conscientes, partem igualmente dos órgãos terminais e que concebemos todos estes como prolongamento, como ramificação da camada cortical. A única diferença seria que, para os órgãos terminais da sensação e dos sentimentos, o próprio corpo tomaria o lugar do mundo exterior.

Processos conscientes na periferia do eu, todos os outros inconscientes no eu: eis o estado de coisas mais simples que teríamos de supor. É possível que as coisas realmente se passem assim no caso dos animais; no caso do homem, acrescenta-se uma complicação pela qual também processos interiores do eu podem adquirir a qualidade da consciência. Isso é obra da função da linguagem, que estabelece uma ligação firme entre conteúdos do eu e restos mnêmicos de percepções visuais, mas em especial acústicas. A partir daí, a periferia perceptiva da camada cortical pode ser excitada numa amplitude muito maior também a partir de dentro, processos interiores tais como fluxos de representações e processos de pensamento podem se tornar conscientes, e se faz necessário um dispositivo especial que distinga entre as duas possibilidades, a assim chamada *prova de realidade*. A equiparação percepção-realidade (mundo exterior) se tornou inválida. Os erros que agora acontecem facilmente, e no sonho regularmente, são chamados de *alucinações*.

O interior do eu, que abrange sobretudo os processos de pensamento, tem a qualidade do pré-consciente. Esta é característica do eu, cabe a ele somente. Porém, não seria correto fazer da ligação com os restos mnêmicos da linguagem a condição para o estado pré-consciente; este é, antes, independente disso, embora essa condição linguageira permita uma conclusão segura quanto à natureza pré-consciente do processo. O estado pré-consciente, por um lado caracterizado pelo acesso à consciência, e, por outro, pela conexão com restos de linguagem, é, afinal, algo peculiar, cuja natureza não se esgota nessas duas

Capítulo 4 – Qualidades psíquicas

características. A prova disso é que grandes parcelas do eu, sobretudo do supereu, ao qual não se pode contestar o caráter de pré-consciente, na maioria das vezes permanecem inconscientes no sentido fenomenológico. Não sabemos por que tem de ser assim. Tentaremos abordar mais adiante o problema de saber qual é a real natureza do pré-consciente.

O inconsciente é a única qualidade dominante no isso. O isso e o inconsciente estão associados de maneira exatamente tão íntima quanto o eu e o pré-consciente, tratando-se até mesmo de uma relação ainda mais exclusiva. Um olhar retrospectivo à história do desenvolvimento da pessoa e de seu aparelho psíquico nos permite constatar uma distinção significativa no isso. Originalmente, tudo era isso; o eu se desenvolveu a partir do isso pela influência continuada do mundo exterior. Durante esse lento desenvolvimento, certos conteúdos do isso passaram ao estado pré-consciente e assim foram aceitos no eu. Outros permaneceram inalterados no isso, na condição de seu núcleo dificilmente acessível. Porém, durante esse desenvolvimento o jovem e débil eu reenviou certos conteúdos já aceitos ao estado inconsciente, desistiu deles e se comportou exatamente da mesma maneira em relação a algumas impressões novas que poderia ter aceitado, de modo que elas, recusadas, apenas no isso puderam deixar uma marca. Considerando sua origem, chamamos de recalcado esta última parcela do isso. O fato de nem sempre podermos distinguir nitidamente entre as duas categorias no isso faz pouca diferença. Elas coincidem aproximadamente com a separação entre coisas originalmente inatas e coisas adquiridas durante o desenvolvimento do eu.

Porém, se nos decidimos pela decomposição tópica do aparelho psíquico em eu e isso, com a qual corre paralela a diferença de qualidade entre pré-consciente e inconsciente, e admitimos essa qualidade apenas como um indício da diferença, não como a essência dela, no que consiste então a verdadeira natureza do estado que se revela no isso pela qualidade do inconsciente e no eu pela do pré-consciente, e em que reside a diferença entre ambas?

Bem, nada sabemos a respeito disso, e nossas escassas compreensões se destacam de maneira bastante lastimável sobre o obscuríssimo pano de fundo dessa ignorância. Aqui nos aproximamos do verdadeiro segredo, ainda não revelado, do psíquico. Supomos, tal como nos acostumamos a fazer em outras ciências naturais, que uma espécie de energia atue na vida psíquica, mas nos faltam todos os pontos de apoio para nos aproximarmos de seu conhecimento por meio de analogias com outras formas de energia. Acreditamos reconhecer que a energia nervosa ou psíquica exista sob duas formas, uma facilmente móvel e outra preferencialmente ligada, falamos de investimentos e superinvestimentos dos conteúdos e ousamos inclusive fazer a suposição de que um "superinvestimento" produza uma espécie de síntese de diferentes processos por meio da qual a energia livre é transformada em energia ligada. Não fomos mais longe; em todo caso, nos atemos à opinião de que a diferença entre o estado inconsciente e o pré-consciente também se encontra em tais relações dinâmicas, donde se derivaria um entendimento de que um desses estados pode ser convertido no outro de maneira espontânea ou por meio de nossa colaboração.

Porém, por trás de todas essas incertezas repousa um fato novo cuja descoberta devemos à investigação psicanalítica. Ficamos sabendo que os processos no inconsciente ou no isso obedecem a leis diferentes das obedecidas por processos no eu pré-consciente. Chamamos essas leis em sua totalidade de *processo primário*, em oposição ao *processo secundário*, que regula os fluxos no pré-consciente, no eu. Dessa forma, no fim, o estudo das qualidades psíquicas não se mostrou infrutífero.

Capítulo 5

Ilustração baseada na interpretação dos sonhos

A investigação de estados normais, estáveis, em que as fronteiras do eu frente ao isso se mantiveram inalteradas, asseguradas por meio de resistências (contrainvestimentos), e em que o supereu não se distingue do eu porque ambos trabalham em harmonia – tal investigação nos traria pouco esclarecimento. O que pode nos favorecer são apenas estados de conflito e rebelião, quando o conteúdo do isso inconsciente tem perspectiva de penetrar no eu e na consciência, e o eu volta a se defender contra essa invasão. Apenas nessas condições podemos fazer as observações que confirmam ou retificam nossos dados sobre os dois parceiros. Um estado desses é o sono noturno, e por isso a atividade psíquica no sono, que percebemos como sonho, também é o nosso objeto de estudo mais propício. Ao abordá-lo também evitamos a censura muitas vezes ouvida de que construímos a vida psíquica normal segundo achados patológicos, pois o sonho é um acontecimento regular na vida das pessoas normais, por mais que suas características também possam se distinguir das produções de nossa vida de vigília. Como é de conhecimento geral, o sonho pode ser confuso, incompreensível, verdadeiramente absurdo; seus dados podem contradizer todo o nosso conhecimento da realidade e nos comportamos como doentes mentais ao atribuir realidade objetiva aos conteúdos do sonho enquanto sonhamos.

Tomamos o caminho rumo à compreensão ("interpretação") do sonho ao supormos que aquilo que lembramos como sonho após o despertar não é o processo onírico real, mas apenas uma fachada por trás da qual este se esconde. Essa é a nossa distinção entre um conteúdo onírico *manifesto* e os pensamentos oníricos *latentes*. Chamamos de *trabalho do sonho* o processo que a partir dos últimos faz surgir o primeiro. O estudo do trabalho do sonho nos ensina com base num excelente exemplo de que forma o material inconsciente oriundo do isso, material original e recalcado, se impõe ao eu, se torna pré-consciente e, devido à oposição do eu, experimenta aquelas modificações que conhecemos como a *distorção onírica*. Não há característica do sonho que não encontre sua explicação desse modo.

Capítulo 5 – Ilustração baseada na interpretação dos sonhos

A melhor maneira de começar é constatando que há dois tipos de motivo para a formação do sonho. Ou uma moção de impulso normalmente reprimida (um desejo inconsciente) encontrou durante o sono a força para se fazer valer no eu, ou uma aspiração que sobrou da vida de vigília, uma sequência pré-consciente de pensamentos com todas as moções conflituosas a ela ligadas, encontrou no sono um reforço por meio de um elemento inconsciente. Ou seja, sonhos provenientes do isso ou do eu. O mecanismo de formação do sonho é o mesmo para os dois casos, e a condição dinâmica também é a mesma. O eu prova sua origem tardia a partir do isso mediante o fato de suspender de tempos em tempos suas funções e permitir o retorno a um estado anterior. Isso acontece corretamente pela interrupção de suas relações com o mundo exterior, pela retirada de seus investimentos dos órgãos sensoriais. Pode-se dizer com razão que com o nascimento surgiu um impulso de retornar à vida intrauterina abandonada, um impulso de dormir. O sono é tal retorno ao ventre materno. Visto que o eu desperto controla a motilidade, essa função é paralisada no estado de sono, e, com isso, uma boa parte das inibições que foram impostas ao isso inconsciente se torna supérflua. A retirada ou diminuição desses "contrainvestimentos" permite ao isso uma medida de liberdade agora inofensiva. As provas da participação do isso inconsciente na formação dos sonhos são abundantes e de natureza convincente. a) A memória onírica é muito mais ampla do que a memória do estado de vigília. O sonho traz lembranças que o sonhador esqueceu, que lhe eram inacessíveis na vigília. b) O sonho faz um uso irrestrito de símbolos linguísticos cujo significado na maioria das vezes o sonhador não conhece. Porém, podemos confirmar seu sentido por meio de nossa experiência. Eles provavelmente se originam de fases anteriores do desenvolvimento da linguagem. c) A memória onírica reproduz com bastante frequência impressões da primeira infância do sonhador, das quais podemos afirmar com certeza não só que estavam esquecidas, mas que haviam se tornado inconscientes por meio de recalcamento. É nisso que se baseia a ajuda do sonho, na maioria das vezes imprescindível, para a reconstrução do primeiro período de vida do sonhador, tentada no tratamento analítico das neuroses. d) Além disso, o sonho traz à luz conteúdos que não podem provir da vida madura nem da infância esquecida do sonhador. Somos obrigados a

Capítulo 5 – Ilustração baseada na interpretação dos sonhos

encará-los como parte da herança *arcaica* que a criança, influenciada pela vivência dos antepassados, traz consigo ao mundo antes de qualquer experiência própria. Encontramos as contrapartes desse material filogenético nas lendas mais antigas da humanidade e em costumes que sobreviveram. O sonho se torna assim uma fonte da pré-história humana que não cabe desprezar.

No entanto, o que torna o sonho tão inestimável para a nossa compreensão é a circunstância de o material inconsciente, ao penetrar no eu, trazer consigo seus modos de trabalho. Isso quer dizer que os pensamentos pré-conscientes em que esse material encontrou sua expressão são tratados no curso do trabalho do sonho como se fossem parcelas inconscientes do isso, e que, no outro caso da formação dos sonhos, os pensamentos pré-conscientes que buscaram o reforço da moção de impulso inconsciente são rebaixados ao estado inconsciente. Apenas por essa via ficamos sabendo quais são as leis do fluxo no inconsciente e em que elas se distinguem das regras que conhecemos no pensamento de vigília. O trabalho do sonho é portanto no essencial um caso de elaboração inconsciente de processos de pensamento pré-conscientes. Para usar uma imagem tomada da história: os conquistadores que invadem um país não tratam a terra conquistada segundo o direito que ali encontram, e sim conforme o seu próprio direito. Porém, é inequívoco que o resultado do trabalho do sonho é um compromisso. Na distorção imposta ao material inconsciente e nas tentativas, muitas vezes bastante insuficientes, de dar ao todo uma forma ainda aceitável para o eu (elaboração secundária), pode-se reconhecer a influência da organização do eu ainda não paralisada. Em nossa imagem, isso é a expressão da continuada resistência dos subjugados.

As leis do fluxo no inconsciente, que dessa maneira vêm à luz, são bastante peculiares e suficientes para explicar a maioria das coisas que são estranhas para nós no sonho. Há nele sobretudo uma tendência chamativa à *condensação*, uma inclinação a formar novas unidades a partir de elementos que no pensamento de vigília com certeza teríamos mantido separados. Em consequência disso, muitas vezes um único elemento do sonho manifesto substitui uma porção de pensamentos oníricos latentes, como se fosse uma alusão comum a todos eles, e, em geral, a extensão do sonho manifesto é extraordinariamente abreviada em comparação com o rico material do qual ele surgiu. Outra peculiaridade do trabalho do sonho, não inteiramente independente da anterior, é a facilidade de *deslocamento* de intensidades psíquicas (investimentos) de um elemento a outro, de modo que muitas vezes um elemento aparece como o mais nítido e consequentemente o mais importante no sonho manifesto quando era secundário nos pensamentos do sonho, e, de maneira inversa, elementos essenciais dos pensamentos do sonho são substituídos no sonho manifesto apenas por alusões insignificantes. Além disso, na maioria das vezes bastam ao trabalho do sonho características comuns inteiramente desimportantes para substituir um elemento por outro em todas as operações posteriores. Compreende-se facilmente o quanto a interpretação do sonho e a descoberta das relações entre o sonho manifesto e os pensamentos oníricos latentes podem ser dificultadas por esses mecanismos de condensação e deslocamento. Da demonstração dessas tendências à condensação e ao deslocamento, nossa teoria extrai a conclusão de que no isso inconsciente a energia se encontra num estado de mobilidade mais livre, e que para o isso importa mais do que tudo a possibilidade de descarga de quantidades de excitação[12]; e nossa

---

12. A analogia seria: é como se o sargento que acabou de receber, mudo, uma censura do superior descarregasse sua raiva sobre o primeiro soldado inocente que aparecesse.

teoria emprega ambas peculiaridades na caracterização do processo primário atribuído ao isso.

Pelo estudo do trabalho do sonho ficamos conhecendo ainda muitas outras particularidades, tão notáveis quanto importantes, dos processos no inconsciente, das quais apenas algumas poucas devem ser mencionadas aqui. As regras decisivas da lógica não têm vigência no inconsciente; pode-se dizer que ele é o reino da falta de lógica. Aspirações com metas opostas coexistem lado a lado no inconsciente sem que se manifeste uma necessidade de equilibrá-las. Ou elas absolutamente não se influenciam, ou, se isso acontece, não ocorre uma decisão, e sim um compromisso, que se torna absurdo por incluir particularidades incompatíveis. Afim a isso é o fato de oposições não serem separadas, mas tratadas como idênticas, de maneira que no sonho manifesto cada elemento também pode significar o seu contrário. Alguns linguistas descobriram que as coisas eram semelhantes nas línguas mais antigas e que oposições como forte-fraco, claro-escuro e alto-baixo eram originalmente expressas pela mesma raiz até que duas diferentes modificações da palavra primordial separassem os dois significados. Restos do duplo sentido original ainda estariam conservados numa língua tão altamente

Capítulo 5 – Ilustração baseada na interpretação dos sonhos

desenvolvida como o latim no uso de *altus* (alto e baixo), *sacer* (sagrado e infame) e outras palavras.

Em vista da complicação e da multivocidade das relações entre o sonho manifesto e o conteúdo latente que se encontra por trás dele, naturalmente se está autorizado a perguntar por que caminho afinal se chega a derivar um do outro, e se, ao fazê-lo, depende-se apenas de uma feliz adivinhação, talvez apoiada pela tradução dos símbolos que aparecem no sonho manifesto. Pode-se informar que na grande maioria dos casos essa tarefa pode ser resolvida de maneira satisfatória, mas apenas com o auxílio das associações fornecidas pelo próprio sonhador a propósito dos elementos do conteúdo manifesto. Qualquer outro procedimento é arbitrário e não oferece certeza alguma. As associações do sonhador, porém, trazem à luz os elos intermediários que inserimos na lacuna entre ambos e com cujo auxílio podemos restabelecer o conteúdo latente do sonho, "interpretá-lo". Não é de admirar que esse trabalho de interpretação, oposto ao trabalho do sonho, ocasionalmente não alcance a plena certeza.

Ainda nos resta dar a explicação dinâmica de por que o eu que dorme afinal assume a tarefa do trabalho do sonho. Felizmente, é fácil encontrá-la. Com o auxílio do inconsciente, todo sonho em formação exige do eu a satisfação de um impulso, caso parta do isso – a solução de um conflito, a eliminação de uma dúvida, o estabelecimento de um propósito, caso parta de um resto de atividade pré-consciente na vida de vigília. Porém, o eu que dorme está orientado para o desejo de manter o sono, sente essa exigência como uma perturbação e busca eliminar essa perturbação. O eu consegue fazê-lo por meio de um ato de aparente transigência ao contrapor à exigência uma *realização de desejo*, inofensiva nessas circunstâncias, e assim suprimi-la. Essa substituição da exigência pela realização de desejo é a atividade essencial do trabalho do sonho. Talvez não seja supérfluo ilustrar isso com três exemplos simples, um sonho de fome, um sonho de comodidade e outro inspirado pela necessidade sexual. Durante o sono se manifesta no sonhador uma necessidade de alimentação, ele sonha com uma magnífica refeição e continua a dormir. Naturalmente, ele tinha a escolha de acordar para comer ou continuar o sono. Decidiu-se pelo último e satisfez a fome por meio do sonho. Pelo menos por um momento; se a fome persistir, terá de acordar. O outro caso: o dormidor deve acordar a fim de estar na clínica numa hora determinada. Mas continua dormindo e sonha que já se encontra

Capítulo 5 – Ilustração baseada na interpretação dos sonhos

na clínica, porém como paciente que não precisa deixar sua cama. Ou se manifesta durante a noite o anseio pelo gozo de um objeto sexual proibido, a mulher de um amigo. Ele sonha com relações sexuais, porém não com essa pessoa, mas com outra que tem o mesmo nome, embora ela lhe seja indiferente. Ou sua oposição se manifesta no fato de a amada se manter absolutamente anônima.

Como é natural, nem todos os casos são tão simples; especialmente nos sonhos que partem de restos diurnos não elaborados e que no estado de sono apenas buscaram um reforço inconsciente, muitas vezes não é fácil descobrir a força impulsora inconsciente e demonstrar sua realização de desejo, mas pode-se supor que ela sempre exista. A tese de que o sonho é uma realização de desejo facilmente topará com descrença caso se recorde quantos sonhos têm um conteúdo francamente desagradável ou que, com presença de angústia, levam mesmo ao despertar, não considerando de forma alguma os sonhos tão frequentes que não têm uma tonalidade de sentimento determinada. Mas a objeção do sonho de angústia não resiste à análise. Não se pode esquecer que em todos os casos o sonho é o resultado de um conflito, uma espécie de formação de compromisso. O que é uma satisfação para o isso inconsciente pode, precisamente por isso, ser um motivo de angústia para o eu.

Dependendo de como o trabalho do sonho acontece, ora o inconsciente se impôs mais, ora o eu se defendeu de maneira mais enérgica. Na maioria das vezes, os sonhos de angústia são aqueles cujo conteúdo experimentou a menor distorção. Se a exigência do inconsciente se torna muito grande, de modo que o eu que dorme não seja capaz de se defender dela com os meios disponíveis, ele renuncia ao desejo de dormir e retorna à vida de vigília. Faz-se justiça a todas as experiências quando se diz que o sonho é sempre uma *tentativa* de eliminar a perturbação do sono por meio da realização de desejo; que ele é, portanto, o guardião do sono. Essa tentativa pode dar certo de maneira mais ou menos completa; também pode fracassar e então o dormidor acorda, segundo parece, despertado precisamente por esse sonho. Também ao valoroso guarda-noturno, que deve vigiar o sono da cidadezinha, não resta às vezes outra coisa senão soar o alarme e despertar os cidadãos que dormem.

Na conclusão dessas explanações comunicamos a razão que justificará nossa longa demora no problema da interpretação dos sonhos. Mostrou-se que os mecanismos inconscientes que descobrimos pelo estudo do trabalho do sonho e que nos esclareceram a formação do sonho – mostrou-se que esses mesmos mecanismos também nos ajudam a compreender as enigmáticas formações de sintoma devido às quais neuroses e psicoses desafiam nosso interesse. Tal coincidência tem de despertar em nós grandes esperanças.

Parte II
A tarefa prática

Capítulo 6

A TÉCNICA PSICANALÍTICA

O sonho é portanto uma psicose, com todos os disparates, formações delirantes e ilusões sensoriais próprios dela. Uma psicose, é verdade, de curta duração, inofensiva, inclusive encarregada de uma função útil, começada com a concordância da pessoa, encerrada por um ato de vontade dela. Mas ainda assim uma psicose, e aprendemos com ela que mesmo uma modificação tão profunda da vida psíquica pode retroceder, pode dar espaço à função normal. Seria ousado, então, esperar que fosse possível submeter à nossa influência também os temidos adoecimentos espontâneos da vida psíquica e assim curá-los?

Já sabemos algumas coisas como preparação a esse empreendimento. Segundo nossa hipótese, o eu tem a tarefa de satisfazer as exigências de sua tripla dependência da realidade, do isso e do supereu, e, no entanto, ao fazê-lo, manter sua organização, afirmar sua autonomia. A condição dos estados patológicos em questão só pode ser um enfraquecimento relativo ou absoluto do eu que lhe torna impossível o cumprimento de suas tarefas. A exigência mais difícil feita ao eu provavelmente é a contenção das exigências impulsionais do isso, no que tem de empenhar grandes quantidades de contrainvestimentos. Porém, a exigência do supereu também pode se tornar tão forte e tão implacável que o eu se encontre como que paralisado diante de suas outras tarefas. Suspeitamos que nos conflitos econômicos que aqui acontecem o isso e o supereu muitas vezes se aliem contra o eu oprimido, que, para conservar sua norma, quer se aferrar à realidade. Se os dois primeiros se tornam muito fortes, eles conseguem afrouxar e modificar a organização do eu, de modo que sua relação correta com a realidade seja perturbada ou mesmo eliminada. Vimos isso no caso do sonho; quando o eu se separa da realidade do mundo exterior, ele sucumbe, sob a influência do mundo interior, à psicose.

Baseamos nosso plano de cura nessas compreensões. O eu está enfraquecido pelo conflito interior; temos de auxiliá-lo. É como numa guerra civil que deve ser decidida pelo apoio de um aliado de fora. O médico analista e o eu enfraquecido do paciente, apoiados no mundo real exterior, devem formar um partido contra os inimigos, as exigências impulsionais do isso e

Capítulo 6 – A técnica psicanalítica

as exigências de consciência moral do supereu. Fechamos um acordo. O eu doente nos promete a mais completa sinceridade, isto é, que colocará à nossa disposição todo material que sua autopercepção lhe oferece; nós lhe garantimos a mais rigorosa discrição e colocamos a seu serviço nossa experiência na interpretação do material influenciado pelo inconsciente. Nosso saber deve remediar sua ignorância, deve restituir ao seu eu o controle sobre distritos perdidos da vida psíquica. A situação analítica consiste nesse acordo.

Já depois desse passo nos espera a primeira desilusão, a primeira exortação à modéstia. Para que o eu do paciente seja um aliado valioso em nosso trabalho comum, ele precisa, apesar de todo o assédio das forças inimigas, ter conservado uma certa medida de coesão, uma parcela de compreensão das exigências da realidade. Mas não se pode esperar isso do eu do psicótico; esse eu não pode cumprir um acordo desses, mal pode aceitá-lo. Logo ele terá lançado nossa pessoa e a ajuda que lhe oferecemos entre as parcelas do mundo exterior que nada mais lhe significam. Reconhecemos assim que temos de renunciar à tentativa de aplicar nosso plano de cura no caso do psicótico. Renunciar talvez para sempre, talvez apenas temporariamente até que tenhamos encontrado outro plano, mais adequado para ele.

Porém, há outra classe de pessoas psiquicamente doentes que, de maneira evidente, estão muito próximas dos psicóticos: o imenso número de neuróticos gravemente enfermos. Tanto as condições patológicas quanto os mecanismos patogênicos devem ser neles os mesmos, ou pelo menos muito parecidos. Mas o eu deles se mostrou mais resistente, se tornou menos desorganizado. Muitos deles, apesar de todos os seus sofrimentos e das insuficiências por eles causadas, ainda puderam se impor na vida real. Esses neuróticos poderão se mostrar prontos a aceitar nossa ajuda. Queremos limitar nosso interesse a eles e tentar descobrir em que medida e por que caminhos podemos "curá-los".

Fechamos, portanto, este acordo com os neuróticos: completa sinceridade em troca de rigorosa discrição. Isso dá a impressão de que apenas aspiraríamos à posição de um confessor laico. Mas a diferença é grande, pois não queremos apenas ouvir dele o que ele sabe e esconde dos outros, mas ele também deve nos contar o que não sabe. Com esse propósito, lhe damos uma definição mais detalhada do que entendemos por sinceridade. Nós o levamos a se comprometer

Capítulo 6 – A técnica psicanalítica

com a *regra fundamental* da análise, que a partir de então deve dominar seu comportamento em relação a nós. Ele não deve apenas nos comunicar aquilo que diz de maneira intencional e de bom grado, aquilo que, como numa confissão, lhe traz alívio, mas também todas as outras coisas que lhe são fornecidas por sua auto-observação, tudo o que lhe vem à mente, mesmo que lhe seja *desagradável* dizê-lo, mesmo que lhe pareça *desimportante* ou até *sem sentido*. Se conseguir anular sua autocrítica segundo essa recomendação, ele nos fornecerá uma abundância de material, pensamentos, lampejos e lembranças que já se encontram sob a influência do inconsciente, muitas vezes derivados diretos dele, e que, assim, nos colocam em condições de descobrir o inconsciente recalcado em sua pessoa e, por meio de nossa comunicação, ampliar o conhecimento de seu eu a respeito de seu inconsciente.

Mas o papel de seu eu está muito longe de se limitar a nos trazer, em obediência passiva, o material exigido e aceitar de forma crédula nossa tradução dele. Sucedem-se algumas outras coisas, algumas que poderíamos ter previsto, outras que não podem deixar de nos surpreender. O mais notável é que o paciente não se limita a considerar o analista à luz da realidade como um ajudante e conselheiro cujo esforço, além disso, se remunera, e que de bom grado se contentaria com o papel, talvez, de um guia numa difícil excursão pelas montanhas, mas vê nele um retorno – uma reencarnação – de uma pessoa importante de sua infância, de seu passado, e por isso transfere a ele sentimentos e reações que certamente diziam respeito a esse modelo. Esse fato da transferência logo se mostra como um fator de importância insuspeitada, por um lado um auxílio de valor insubstituível, por outro uma fonte de sérios perigos. Essa transferência é *ambivalente*, inclui tanto atitudes positivas, ternas, como negativas, hostis, em relação ao analista, que em geral é colocado no lugar de um dos pais, seja do pai ou da mãe. Enquanto é positiva, ela nos presta os melhores serviços. Modifica toda a situação analítica, empurra para o lado o propósito racional de ficar saudável e livre de sofrimento. Toma o lugar desse propósito o de agradar ao analista, obter seu aplauso, seu amor. Ela se torna a verdadeira mola propulsora da colaboração do paciente; o eu fraco se fortalece; sob a influência dela, realiza feitos que normalmente lhe seriam impossíveis, suspende seus sintomas, fica aparentemente saudável apenas por amor ao analista. O analista talvez confesse envergonhado a si mesmo que co-

Capítulo 6 – A técnica psicanalítica

meçou um empreendimento difícil sem suspeitar dos extraordinários instrumentos de poder que se colocariam à sua disposição.

Além disso, a relação de transferência ainda traz consigo duas outras vantagens. Se o paciente coloca o analista no lugar do pai (da mãe), também lhe concede o poder que seu supereu exerce sobre seu eu, pois os pais, afinal, foram a origem do supereu. O novo supereu tem agora a oportunidade para uma espécie de *educação a posteriori* do neurótico, pode corrigir erros cometidos pelos pais na educação. Contudo, aqui entra a advertência de não abusar da nova influência. Por mais que tornar-se professor, modelo e ideal para os outros, criar pessoas segundo o seu modelo, possa seduzir o analista, ele não pode esquecer de que essa não é sua tarefa na relação analítica, de que até se torna infiel a ela caso se deixe arrastar por sua inclinação. Neste caso, ele apenas repete um erro dos pais, que sufocaram a independência da criança com sua influência; apenas substitui a dependência anterior por uma mais nova. O analista, porém, apesar de todos os esforços para melhorar e educar, deve respeitar a peculiaridade do paciente. A medida de influência a que ele legitimamente se atreve será determinada pelo grau de inibição do desenvolvimento que encontra no paciente. Alguns neuróticos permaneceram tão infantis que também na análise só podem ser tratados como crianças.

Outra vantagem da transferência é que nela o paciente nos apresenta com clareza plástica um fragmento importante de sua história de vida, sobre o qual, em outras circunstâncias, provavelmente nos teria dado apenas informações insuficientes. Ele age diante de nós, por assim dizer, em vez de nos fazer um relato.

E agora o outro lado da relação. Visto que a transferência reproduz a relação com os pais, também assume sua ambivalência. Mal se pode evitar que a atitude positiva em relação ao analista um dia se reverta na negativa, hostil. Também esta é habitualmente uma repetição do passado. A subserviência em relação ao pai (quando dele se trata), a busca de seu favor, se enraíza num desejo erótico dirigido à sua pessoa. Em algum momento, essa exigência também vem ao primeiro plano na transferência e insiste em ser satisfeita. Na situação analítica ela só pode topar com frustração. Relações sexuais reais entre paciente e analista estão excluídas, e mesmo os modos mais sutis de satisfação, como preferência, intimidade etc., são concedidos pelo analista apenas em escassa medida. Tal recusa é tomada como pretexto para a

Capítulo 6 – A técnica psicanalítica

transformação; provavelmente tenha acontecido a mesma coisa na infância do paciente.

Os sucessos de cura ocorridos sob o domínio da transferência positiva estão sob a suspeita de serem de natureza *sugestiva*. Se a transferência negativa alcançar o predomínio, tais sucessos se dispersam como palha ao vento. Percebe-se com espanto que todo o esforço e trabalho feitos até então foram à toa. Sim, também aquilo que se podia considerar como um ganho intelectual permanente do paciente, sua compreensão da psicanálise, sua confiança na eficácia dela, desapareceram subitamente. Ele se comporta como uma criança, que não tem julgamento próprio, que acredita cegamente em quem tem o seu amor e não em estranhos. Evidentemente, o perigo desses estados transferenciais consiste no fato de o paciente se enganar quanto à sua natureza e tomá-los por novas experiências reais em vez de reflexos do passado. Se ele (ou ela) percebe a forte necessidade erótica que se esconde por trás da transferência positiva, acredita ter se enamorado apaixonadamente; se a transferência se reverte, ele se considera ofendido e negligenciado, odeia o analista como seu inimigo e está pronto a desistir da análise. Nos dois casos extremos ele esqueceu o acordo que aceitou no início do tratamento, tornou-se imprestável para a continuação do trabalho em comum. O analista tem a tarefa de sempre arrancar o paciente da ilusão ameaçadora, mostrar-lhe repetidamente que aquilo que ele toma por uma vida nova e real é um reflexo do passado. E para que ele não entre num estado que o torne inacessível a todas as evidências, cuida-se para que nem o apaixonamento nem a hostilidade alcancem um nível extremo. Isso é feito preparando-o cedo para essas possibilidades e não deixando seus primeiros sinais passarem despercebidos. Tal cuidado no manejo da transferência costuma valer muito a pena. Quando se consegue, como na maioria das vezes, instruir o paciente sobre a real natureza dos fenômenos transferenciais, privamos sua resistência de uma arma poderosa, transformamos perigos em ganhos, pois aquilo que o paciente vivenciou nas formas da transferência ele não esquece mais, tem para ele uma força persuasiva mais intensa do que tudo o que for obtido de outra maneira.

É extremamente indesejado para nós que o paciente *aja* fora da transferência em vez de recordar; o comportamento ideal para nossos fins seria que ele se comportasse o mais normalmente possível fora do tratamento e manifestasse suas reações anormais apenas na transferência.

Capítulo 6 – A técnica psicanalítica

Nosso caminho para fortalecer o eu enfraquecido parte da ampliação de seu autoconhecimento. Sabemos que isso não é tudo, mas é o primeiro passo. A perda de tal conhecimento significa para o eu a perda de poder e influência; é o primeiro indício palpável de que ele está restringido e bloqueado pelas exigências do isso e do supereu. Assim, a primeira parcela de nossa ajuda é um trabalho intelectual de nossa parte e uma exortação ao paciente para cooperar com ele. Sabemos que essa primeira atividade deve nos abrir o caminho para outra tarefa, mais difícil. Mesmo durante a introdução não perderemos de vista a parcela dinâmica dessa tarefa. Obtemos o material para o nosso trabalho de diferentes fontes: daquilo que suas comunicações e associações livres indicam, do que ele nos mostra em suas transferências, do que depreendemos da interpretação de seus sonhos e do que ele revela por seus *atos falhos*. Todo esse material nos auxilia a fazer construções tanto sobre o que se passou com ele e que ele esqueceu como sobre aquilo que agora se passa nele sem que ele compreenda. Nisso, porém, jamais deixamos de manter o nosso saber e o saber dele rigorosamente separados. Evitamos comunicar-lhe de imediato o que muitas vezes descobrimos bem cedo ou lhe comunicar tudo o que acreditamos ter descoberto. Refletimos com cuidado sobre quando devemos informá-lo sobre uma de nossas construções, esperamos por um momento que nos pareça apropriado, o que nem sempre é fácil de decidir. Em geral, adiamos a comunicação de uma construção, a explicação, até que ele próprio tenha se aproximado tanto dela que só lhe reste dar um passo, que é, contudo, a síntese decisiva. Se procedêssemos de outro modo, se o assaltássemos com nossas interpretações antes que ele estivesse preparado para elas, ou a comunicação não teria resultado ou produziria uma violenta irrupção de *resistência* que poderia dificultar a continuação do trabalho ou mesmo colocá-la em risco. Porém, se preparamos tudo devidamente, muitas vezes conseguimos que o paciente confirme de imediato nossa construção e inclusive recorde o processo interior ou exterior esquecido. Quanto mais exatamente a construção coincidir com os detalhes do que foi esquecido, tão mais fácil se torna para ele sua concordância. Nosso saber quanto a esse fragmento se tornou então também o seu saber.

Com a menção da resistência chegamos à segunda e mais importante parte de nossa tarefa. Já ficamos sabendo que o eu se protege contra a invasão de elementos indesejados do isso inconsciente e recalcado por meio de contrainvestimentos, cuja integridade é uma condição de sua função normal. Quanto mais afligido o eu se sentir, tanto mais obstinadamente irá se aferrar, como que intimidado, a esses contrainvestimentos a fim de proteger o que sobrou de outras irrupções. Porém, essa tendência defensiva de forma alguma se harmoniza com as intenções de nosso tratamento. Queremos, ao contrário, que o eu, tornando-se ousado devido à segurança de nossa ajuda, se atreva ao ataque para recuperar o que foi perdido. Nessa situação percebemos a força desses contrainvestimentos sob a forma de *resistências* a nosso trabalho. O eu recua diante de tais empreendimentos, que parecem perigosos e ameaçam produzir desprazer; ele precisa ser constantemente animado e tranquilizado a fim de não se recusar a nós. Essa resistência, que persiste ao longo de todo o tratamento e se renova a cada novo trecho do trabalho, nós a chamamos, de maneira não inteiramente correta, de *resistência de recalcamento*. Veremos que não é a única que nos espera. É interessante que nessa situação a formação de partidos de certa maneira se inverta, pois o eu resiste contra nossa incitação, mas o inconsciente, normalmente nosso adversário, vem em nosso auxílio, pois tem um "impulso ascendente" natural, não há nada que ele queira tanto quanto avançar até o eu e a consciência cruzando os limites que lhe foram colocados. A luta que se trava quando atingimos nosso propósito e conseguimos levar o eu a superar suas resistências se consuma sob nossa direção e com nosso auxílio. Seu desfecho é indiferente, pouco importando se leva o eu a aceitar, após novo exame, uma exigência impulsional até então repelida ou a rejeitá-la novamente, desta vez de maneira definitiva. Nos dois casos, um perigo permanente foi afastado, a extensão do eu foi ampliada e um gasto dispendioso foi tornado supérfluo.

A superação das resistências é a parte de nosso trabalho que toma mais tempo e exige maiores esforços. Mas ela também vale a pena, pois produz uma vantajosa modificação do eu que se conservará independentemente do sucesso da transferência e se confirmará na vida. Ao mesmo tempo, também trabalhamos na eliminação daquela modificação do eu que se produziu sob a influência do inconsciente, pois, sempre que conseguimos demonstrar a existência de tais derivados dele no eu, mostramos sua origem ilegítima e incitamos o eu a rejeitá-los. Lembremo-nos que uma das precondições da ajuda que acordamos foi que tal modificação do eu pela penetração de

Capítulo 6 – A técnica psicanalítica

elementos inconscientes não tenha ultrapassado certa medida.

Quanto mais avança nosso trabalho e mais profunda se configura nossa compreensão da vida psíquica do neurótico, tão mais claramente se impõe a nós o conhecimento de dois novos fatores que requerem a máxima atenção como fontes de resistência. Ambos são inteiramente desconhecidos do paciente, ambos não puderam ser considerados no fechamento de nosso acordo; eles também não partem do eu do paciente. Podemos reuni-los sob o nome comum de "necessidade de estar doente" ou "necessidade de sofrer", mas eles têm origem diferente, ainda que sejam de natureza afim. O primeiro desses dois fatores é o sentimento de culpa ou consciência de culpa, como é chamado independentemente do fato de o doente não percebê-lo e não reconhecê-lo. Trata-se, é evidente, da contribuição à resistência prestada por um supereu que se tornou especialmente duro e cruel. O indivíduo não deve recuperar a saúde, mas permanecer doente, pois não merece coisa melhor. Essa resistência não perturba propriamente nosso trabalho intelectual, mas torna-o ineficaz; muitas vezes ela até permite que eliminemos uma forma de sofrimento neurótico, porém logo está disposta a substituí-la por outra, eventualmente por um adoecimento somático. Essa consciência de culpa também explica a cura ou a melhora, ocasionalmente observada, de neuroses graves por meio de desgraças reais; pois a única coisa que interessa é que a pessoa esteja infeliz, não importa de que maneira. A resignação sem queixas com que tais pessoas muitas vezes suportam seu difícil destino é muito notável, mas também reveladora. Na defesa contra essa resistência, temos de nos limitar a torná-la consciente e a tentar um vagaroso desmantelamento do supereu hostil.

Menos fácil é demonstrar que existe outra resistência em cujo combate nos encontramos especialmente deficientes. Entre os neuróticos há pessoas em que, a julgar por todas as suas reações, o impulso de autoconservação experimentou uma verdadeira inversão. Elas não parecem ter outra coisa em vista senão prejudicar e destruir a si mesmas. Talvez também pertençam a esse grupo as pessoas que no fim realmente cometem suicídio. Supomos que nelas tenham ocorrido consideráveis desagregações dos impulsos, em cuja sequência foram liberadas enormes quantidades do impulso destrutivo voltado para dentro. Tais pacientes não podem achar suportável o restabelecimento mediante nosso tratamento; opõem-se a ele por todos os meios. Mas reconhecemos que esse é um caso cuja explicação completa ainda não fomos capazes de encontrar.

Vejamos agora outra vez a situação em que nos encontramos com a nossa tentativa de ajudar o eu neurótico. Esse eu não pode mais cumprir a tarefa que o mundo exterior, incluindo a sociedade humana, lhe coloca. Ele não dispõe de todas as suas experiências; uma grande parte de seu patrimônio de lembranças se perdeu. Sua atividade é inibida por proibições severas do supereu; sua energia se consome em tentativas inúteis de se defender das exigências do isso. Além do mais, sua organização está danificada devido às incessantes irrupções do isso, ele está cindido, não consegue mais fazer nenhuma síntese correta, é dilacerado por aspirações que se opõem umas às outras, conflitos não resolvidos, dúvidas não sanadas. De início, fazemos com que esse eu enfraquecido do paciente tome parte no trabalho de interpretação puramente intelectual que aspira a um preenchimento provisório das lacunas em seu patrimônio psíquico, fazemos com que nos transfira a autoridade de seu supereu e o estimulamos a entrar na luta por cada uma das exigências do isso e a vencer as resistências daí resultantes. Ao mesmo tempo, restabelecemos a ordem em seu eu ao descobrirmos os conteúdos e aspirações que nele penetraram oriundos do inconsciente e expô-los à crítica por meio da recondução às suas origens. Servimos ao paciente em diversas funções como autoridade e substituto dos pais, como professor e educador; fizemos o melhor por ele quando, na condição de analistas, elevamos os processos psíquicos em seu eu ao nível normal, transformamos coisas recalcadas e que se tornaram inconscientes em pré-conscientes e, com isso, as restituímos ao eu. Do lado do paciente atuam a nosso favor alguns fatores racionais, como a necessidade de recuperação motivada por seu sofrimento e o interesse intelectual que conseguimos despertar nele pelas teorias e descobertas da psicanálise, porém, com forças muito mais intensas, a transferência positiva com que ele vem a nosso encontro. Por outro lado, lutam contra nós a transferência negativa, a resistência de recalcamento do eu – isto é, sua relutância em se submeter ao trabalho difícil de que é encarregado –, o sentimento de culpa oriundo da relação com o supereu e a necessidade de estar doente oriunda de alterações profundas na economia de seus impulsos. Chamaremos seu caso de leve ou grave dependendo da proporção dos dois últimos fatores. Independentemente destes, podem-se reconhecer alguns outros fatores que

Capítulo 6 – A técnica psicanalítica

entram em consideração como favoráveis ou desfavoráveis. Uma certa inércia psíquica, uma mobilidade dificultada da libido, que não quer abandonar suas fixações, não pode nos ser bem-vinda; a capacidade da pessoa para sublimar seus impulsos desempenha um grande papel e, da mesma forma, sua capacidade de se elevar acima da vida impulsional grosseira, bem como a força relativa de suas funções intelectuais.

Não ficamos desiludidos, mas achamos perfeitamente compreensível se chegamos à conclusão de que o resultado final da luta que empreendemos depende de relações quantitativas, do montante de energia que podemos mobilizar no paciente a nosso favor em comparação com a soma das energias dos poderes que atuam contra nós. Também aqui Deus está do lado dos batalhões mais fortes – certamente não conseguimos vencer sempre, mas pelo menos podemos reconhecer na maioria dos casos por que não vencemos. Quem acompanhou nossas explicações apenas por interesse terapêutico talvez se afaste com desdém após tal confissão. Porém, aqui nos ocupamos da terapia apenas na medida em que ela trabalha com recursos psicológicos; não temos outros por enquanto. O futuro talvez nos ensine a influenciar diretamente com substâncias químicas especiais as quantidades de energia e suas distribuições no aparelho psíquico. Talvez ainda existam outras possibilidades insuspeitadas de terapia; por ora não temos nada melhor à nossa disposição que a técnica psicanalítica, e por isso, apesar de suas limitações, não se deveria desprezá-la.

Capítulo 7

Uma amostra de trabalho psicanalítico

Obtivemos um conhecimento geral do aparelho psíquico, das partes, órgãos, instâncias de que é composto, das forças que nele atuam, das funções de que suas partes estão encarregadas. As neuroses e psicoses são os estados em que as perturbações funcionais do aparelho alcançam expressão. Escolhemos as neuroses como nosso objeto de estudo porque só elas parecem acessíveis aos métodos psicológicos de nossa intervenção. Enquanto nos esforçamos por influenciá-las, coletamos as observações que nos dão uma imagem de sua origem e da maneira como surgem.

Antes de nossa exposição, queremos apresentar um de nossos principais resultados. As neuroses – ao contrário das doenças infecciosas, por exemplo – não têm causas patológicas específicas. Seria vão buscar agentes patogênicos no seu caso. Elas estão ligadas por transições fluidas à assim chamada norma, e, por outro lado, dificilmente há um estado reconhecido como normal em que não se pudessem demonstrar indícios de traços neuróticos. Os neuróticos trazem consigo aproximadamente as mesmas disposições que as outras pessoas, vivenciam as mesmas coisas, não têm tarefas diferentes a resolver. Por que então a vida deles é tão pior e tão mais difícil e por que padecem de mais sensações desprazerosas, angústia e dores?

Não precisamos ficar devendo a resposta a essa pergunta. Cabe responsabilizar *desarmonias* quantitativas pela insuficiência e pelos sofrimentos dos neuróticos. A causa de todas as configurações da vida psíquica humana deve ser buscada, afinal, na ação recíproca de disposições constitucionais e vivências acidentais. Assim, certo impulso pode ser constitucionalmente muito forte ou muito fraco, certa capacidade pode estar atrofiada ou não desenvolvida suficientemente na vida – por outro lado, as impressões e vivências exteriores podem fazer exigências de intensidade diferente a cada pessoa, e aquilo de que a constituição de uma ainda consegue dar conta pode ser uma tarefa pesada demais para a outra. Essas diferenças quantitativas determinarão a diferença do desfecho.

Porém, logo diremos a nós mesmos que essa explicação não é satisfatória. Ela é geral demais, explica demais. A etiologia mencionada vale para todos os casos de sofrimento, miséria e paralisia psíquicos, mas nem todos esses estados podem ser chamados de neuróticos. As neuroses têm características específicas, são uma miséria de tipo particular. Assim, teremos de esperar, afinal, encontrar causas específicas para elas, ou podemos formar a representação de que entre as tarefas de que a vida psíquica deve dar conta existem algumas em que ela facilmente pode fracassar, de maneira que a peculiaridade dos fenômenos neuróticos, muitas vezes tão notáveis, se deixasse derivar disso sem que precisássemos revogar nossas afirmações anteriores. Se for correto que as neuroses não se afastam da norma em nenhum aspecto essencial, seu estudo nos promete fornecer contribuições valiosas para o conhecimento dessa norma. Talvez venhamos a descobrir os "pontos fracos" de uma organização normal.

Nossa conjectura acima mencionada se confirma. As experiências analíticas nos ensinam que realmente existe uma exigência dos impulsos cujo domínio fracassa facilmente ou é conseguido apenas de maneira imperfeita, assim como um período de vida que entra em consideração exclusiva ou predominantemente para o surgimento de uma neurose. Esses dois fatores, a natureza impulsional e o período de vida, exigem ser considerados separadamente, embora tenham bastante a ver um com o outro.

Podemos nos manifestar com razoável segurança sobre o papel do período de vida. Parece que as neuroses são contraídas apenas na primeira infância (até o sexto ano), embora seus sintomas possam aparecer somente bem mais tarde. A neurose infantil pode se tornar manifesta por um curto período ou mesmo passar despercebida. Em todos os casos, o adoecimento neurótico posterior tem como ponto de partida o prelúdio na infância. Talvez a assim chamada neurose traumática (causada por um susto muito grande, por abalos somáticos graves como choques de trens, soterramentos etc.) seja uma exceção; suas relações com a precondição infantil até agora se esquivaram à investigação. É fácil justificar a primazia etiológica do primeiro período da infância. Como sabemos, as neuroses são afecções do eu, e não é de admirar que o eu, enquanto é fraco, imaturo e incapaz de resistência, fracasse em dar conta de tarefas que mais tarde poderia resolver brincando. (As exigências impulsionais de dentro, bem como as excitações do mundo exterior, agem então como "traumas", especialmente quando certas disposições vêm a seu encontro.)

Capítulo 7 – Uma amostra de trabalho psicanalítico

O eu desamparado se defende delas por meio de tentativas de fuga (*recalcamentos*), que mais tarde se mostram inadequadas e significam restrições permanentes para o desenvolvimento posterior. Os danos ao eu causados por suas primeiras vivências nos parecem desproporcionalmente grandes, mas, como analogia, basta pensar na diferença de efeito que ocorre quando, como nas experiências de Roux, se dá uma agulhada num grupo de células germinativas em processo de divisão em vez de fazê-lo no animal maduro que posteriormente se desenvolveu delas. Nenhum indivíduo humano é poupado dessas vivências traumáticas, nenhum é dispensado dos recalcamentos estimulados por elas. Essas reações questionáveis do eu talvez sejam imprescindíveis para a obtenção de outra meta colocada a esse mesmo período de vida. Em poucos anos, o pequeno primitivo deve ter se transformado num ser humano civilizado, deve ter feito um trecho imensamente longo do desenvolvimento cultural humano numa abreviação quase sinistra. Isso é possibilitado por uma disposição hereditária, mas quase nunca pode prescindir do auxílio da educação, da influência dos pais, que como precursora do supereu limita a atividade do eu por meio de proibições e castigos, e favorece ou força a execução de recalcamentos. Assim, não se pode esquecer de também incluir a influência cultural entre as condições da neurose. Para o bárbaro, reconhecemos, é fácil ser saudável; para o homem aculturado, é uma tarefa difícil. Podemos achar compreensível o anseio por um eu forte e sem inibições; como nos ensina a época atual, esse anseio é hostil à cultura no mais profundo sentido. E, visto que as exigências culturais são representadas pela educação na família, também temos de incluir na etiologia das neuroses essa característica biológica da espécie humana: o prolongado período de dependência infantil.

No que diz respeito ao outro ponto, o fator impulsional específico, descobrimos aqui uma interessante dissonância entre teoria e experiência. Teoricamente, não há objeção alguma à hipótese de que qualquer exigência dos impulsos possa suscitar os mesmos recalcamentos com suas consequências, mas nossa observação nos mostra regularmente, até onde podemos julgar, que as excitações às quais cabe esse papel patogênico provêm de impulsos parciais da vida sexual. Os sintomas neuróticos são inteiramente, diríamos, ou satisfações substitutivas de alguma aspiração sexual ou medidas para seu impedimento; em geral, são compromissos entre ambas, tais

Capítulo 7 – Uma amostra de trabalho psicanalítico

como estes ocorrem entre opostos segundo as leis válidas para o inconsciente. Por enquanto a lacuna em nossa teoria não pode ser preenchida; a decisão é dificultada pelo fato de a maioria das aspirações da vida sexual não ser de natureza puramente erótica, mas ter resultado de ligas de impulsos eróticos e partes do impulso de destruição. Porém, não pode haver dúvida alguma de que os impulsos que se manifestam fisiologicamente como sexualidade representam um papel destacado e inesperadamente grande na causação das neuroses; se esse papel é exclusivo, fica em aberto. Também é preciso considerar que nenhuma outra função experimentou uma rejeição tão enérgica e tão ampla no curso do desenvolvimento cultural quanto precisamente a sexual. A teoria terá de se contentar com algumas indicações que revelam um nexo mais profundo: que o primeiro período da infância, durante o qual o eu começa a se diferenciar a partir do isso, também é o período do primeiro florescimento sexual, ao qual o período de latência dá um fim; que dificilmente é coincidência que essa significativa pré-história mais tarde sucumba à amnésia infantil; e, por fim, que modificações biológicas na vida sexual como justamente o início em dois tempos da função, a perda do caráter de periodicidade na excitação sexual e a mudança na relação entre a menstruação feminina e a excitação masculina – que essas inovações na sexualidade devem ter sido muito significativas para o desenvolvimento do animal até o ser humano. Fica reservado à ciência do futuro reunir numa nova compreensão os dados agora ainda isolados. Não é a psicologia, e sim a biologia que mostra uma lacuna aqui. Talvez não deixemos de ter razão ao dizer que o ponto fraco na organização do eu está em seu comportamento quanto à função sexual, como se a oposição biológica entre autoconservação e conservação da espécie tivesse encontrado aqui uma expressão psicológica.

Se a experiência analítica nos convenceu da completa exatidão da afirmação muitas vezes ouvida de que a criança é psicologicamente o pai do adulto e de que as vivências de seus primeiros anos são de importância insuperável para toda a sua vida posterior, então terá um interesse especial para nós se existir algo que se possa designar como a vivência central desse período da infância. Nossa atenção é atraída de início pelos efeitos de certas influências que não atingem todas as crianças, embora ocorram com bastante frequência, como o abuso sexual de crianças por adultos, a sedução por outras crianças um pouco mais velhas (irmãos) e, de maneira bastante inesperada, seu abalo por participar como testemunhas auriculares e oculares dos processos sexuais entre adultos (os pais), na maioria das vezes num período em que não se atribui a elas interesse por tais impressões nem compreensão destas, tampouco a capacidade de recordá-las mais tarde. É fácil constatar em que medida a receptividade sexual da criança é despertada por tais vivências e em que medida sua própria aspiração sexual é impelida para determinadas vias que ela não pode mais abandonar. Visto que tais impressões sucumbem, de imediato ou tão logo queiram voltar como lembranças, ao recalcamento, elas produzem a condição para a compulsão neurótica que mais tarde tornará impossível ao eu dominar a função sexual e que provavelmente o levará a se afastar dela de maneira permanente. Esta última reação terá uma neurose por consequência; se ela não surgir, desenvolver-se-ão múltiplas perversões ou uma completa insubordinação dessa função tão imensuravelmente importante não apenas para a reprodução, mas também para a inteira configuração da vida.

Por mais instrutivos que possam ser tais casos, nosso interesse se dirige em grau ainda mais elevado à influência de uma situação que todas as crianças estão destinadas a passar e que se deriva necessariamente do fator dos cuidados prolongados que recebem e de sua convivência com os pais. Refiro-me ao *complexo de Édipo*, chamado assim porque seu conteúdo essencial retorna na lenda grega do rei Édipo, cuja figuração por um grande dramaturgo felizmente nos foi conservada. O herói grego mata seu pai e toma sua mãe por mulher. Que faça isso sem saber, não reconhecendo os dois como seus pais, é um afastamento do estado de coisas analítico que iremos compreender com facilidade, inclusive reconhecer como necessário.

Temos de descrever o desenvolvimento do menino e da menina – do homem e da mulher – separadamente aqui, pois agora a diferença entre os sexos ganha sua primeira expressão psicológica. O fato biológico da dualidade dos sexos se eleva diante de nós como um grande enigma, um ponto extremo para nosso conhecimento que resiste a toda explicação por outra coisa. A psicanálise não contribuiu em nada para o esclarecimento desse problema; é evidente que ele cabe inteiramente à biologia. Na vida psíquica encontramos apenas reflexos dessa grande oposição, cuja interpretação é dificultada pelo fato há muito tempo suspeitado de que nenhum indivíduo se limita aos modos de

Capítulo 7 – Uma amostra de trabalho psicanalítico

reação de um único sexo, mas sempre deixa certo espaço aos do sexo oposto, exatamente como seu corpo, ao lado dos órgãos desenvolvidos de um sexo, também leva consigo os rudimentos do outro, atrofiados e muitas vezes inutilizados. Para distinguir o masculino do feminino na vida psíquica, serve-nos uma equiparação empírica e convencional evidentemente insuficiente. Chamamos tudo o que é forte e ativo de masculino; o que é fraco e passivo, de feminino. Esse fato da bissexualidade também psicológica sobrecarrega todas as nossas pesquisas, dificulta sua descrição.

O primeiro objeto erótico da criança é o peito materno que a alimenta; o amor surge apoiado na necessidade de nutrição satisfeita. De início, o peito certamente não é distinguido do próprio corpo; quando tem de ser separado dele, deslocado para "fora", pois a criança sente a sua falta com tanta frequência, ele leva consigo, na condição de "objeto", uma parte do investimento libidinal originalmente narcísico. Esse primeiro objeto se completa mais tarde na pessoa da mãe, que não apenas alimenta, mas também cuida e produz muitas outras sensações corporais na criança, tanto prazerosas quanto desprazerosas. Com os cuidados corporais, ela se torna a primeira sedutora da criança. Nessas duas relações se enraíza a importância da mãe – importância única, incomparável, estabelecida imutavelmente para toda a vida – como primeiro e mais forte objeto amoroso, como modelo de todas as relações amorosas posteriores – para ambos os sexos. E nisto o fundamento filogenético tem de tal maneira o predomínio sobre a vivência pessoal acidental que não faz diferença se a criança realmente sugou o peito ou foi alimentada com a mamadeira e nunca pôde gozar a ternura dos cuidados maternos. Nos dois casos, seu desenvolvimento segue os mesmos caminhos; talvez no segundo o anseio posterior cresça tanto mais. E, por mais tempo que a criança tenha sido alimentada no peito materno, sempre levará consigo após o desmame a convicção de que a amamentação foi muito breve e muito escassa.

Essa introdução não é supérflua; ela pode aguçar nossa compreensão para a intensidade do complexo de Édipo. Quando o menino (a partir dos dois até os três anos) entrou na fase fálica de seu desenvolvimento libidinal, recebe sensações prazerosas de seu membro sexual e aprendeu a obtê-las à vontade por meio de estimulação manual, ele se torna amante da mãe. Deseja possuí-la fisicamente nas formas que adivinhou por suas observações e pressentimentos da vida sexual, busca seduzi-la mostrando-lhe seu membro viril, de cuja posse se orgulha. Numa palavra, sua masculinidade precocemente despertada busca substituir o pai junto a ela, pai que, aliás, até então foi seu invejado modelo devido à força física que percebe nele e à autoridade com que o encontra revestido. Agora o pai é o rival que está em seu caminho e que ele gostaria de afastar. Se durante uma ausência do pai lhe foi permitido partilhar a cama da mãe, da qual é banido após o retorno dele, a satisfação com o desaparecimento do pai e a desilusão com seu reaparecimento significam para ele vivências profundas. Esse é o conteúdo do complexo de Édipo, que a lenda grega traduziu do mundo fantasístico da criança para uma realidade presumível. Em nossas circunstâncias culturais, tal complexo geralmente tem um fim assustador.

A mãe entendeu muito bem que a excitação sexual do menino diz respeito à sua pessoa. Em algum momento ela reflete que não é correto permiti-la. Acredita fazer a coisa certa quando lhe proíbe a atividade manual com seu membro. A proibição de pouco adianta, no máximo consegue uma modificação na maneira de autossatisfação. Por fim, a mãe lança mão do recurso mais extremo: ameaça tirar-lhe a coisa com que ele a desafia.

Em geral, ela atribui a execução da ameaça ao pai a fim de torná-la mais assustadora e mais crível. Ela vai contar tudo ao pai, e ele vai cortar o membro. Notavelmente, essa ameaça só tem efeito se uma outra condição também for preenchida antes e depois. No fundo, parece inimaginável demais ao menino que algo desse tipo pudesse acontecer. Mas se por ocasião dessa ameaça ele consegue se lembrar da visão dos genitais femininos, ou os vê pouco depois, genitais a que realmente falta esse pedaço estimado acima de tudo, então ele acredita na seriedade do que ouviu e experimenta, ao cair sob a influência do *complexo de castração*, o mais forte trauma de sua jovem vida.[1]

Os efeitos da ameaça de castração são múltiplos e incalculáveis; eles atingem todas as relações do menino com o pai e a mãe, e mais tarde com

---

[1]. A castração tampouco falta na lenda de Édipo, pois o cegamento com que Édipo se pune depois da descoberta de seu crime é, segundo o testemunho dos sonhos, um substituto simbólico da castração. Não se pode excluir a possibilidade de que no extraordinário efeito aterrorizante da ameaça tome parte uma marca mnêmica filogenética dos tempos remotos da família pré-histórica, visto que o pai ciumento realmente despojava o filho dos genitais quando este se tornava incômodo como rival junto à mulher. O antiquíssimo costume da circuncisão, outro substituto simbólico da castração, só pode ser compreendido como expressão da submissão à vontade do pai. (Ver os ritos de puberdade dos primitivos.) Ainda não foi investigado como se configura a sequência acima descrita nos povos e nas culturas que não reprimem a masturbação infantil.

o homem e a mulher em geral. Na maioria das vezes, a masculinidade do menino não resiste a esse primeiro abalo. Para salvar seu membro, ele renuncia mais ou menos completamente à posse da mãe; muitas vezes, sua vida sexual fica comprometida para sempre pela proibição. Quando existe nele um forte componente feminino, conforme dizemos, este ganha força pela intimidação da masculinidade. O menino entra numa atitude passiva em relação ao pai, tal como a atribui à mãe. É verdade que ele renunciou à masturbação em consequência da ameaça, mas não à atividade da fantasia que a acompanha. Essa atividade, ao contrário, será mais cultivada do que antes, visto que agora é a única forma de satisfação sexual que lhe restou, e é verdade que em tais fantasias ele ainda se identificará com o pai, mas, simultânea e talvez predominantemente, também com a mãe. Derivados e produtos de transformação dessas fantasias onanistas precoces costumam conseguir entrar em seu eu posterior e tomarão parte na formação de seu caráter. Independentemente de tal incentivo à sua feminilidade, o medo do pai e o ódio a ele experimentarão um grande aumento. A masculinidade do menino como que se retrai a uma atitude de desafio ao pai, atitude que dominará compulsoriamente seu comportamento posterior na sociedade humana. Como resto da fixação erótica na mãe, produz-se muitas vezes uma enorme dependência dela, que mais tarde continuará sob a forma de sujeição à mulher. Ele não se atreve mais a amar a mãe, mas não pode se arriscar a não ser amado por ela, pois então corre o risco de ser denunciado por ela ao pai e abandonado à castração. A totalidade dessa vivência com todas as suas precondições e consequências, das quais nossa exposição apenas pôde apresentar uma seleção, sucumbe a um recalcamento extremamente enérgico, e, tal como permitem as leis do isso inconsciente, todos os sentimentos e reações conflitantes que foram ativados naquela ocasião permanecem conservados no inconsciente e prontos a perturbar o posterior desenvolvimento do eu após a puberdade. Quando o processo somático da maturação sexual reaviva as antigas fixações libidinais aparentemente superadas, a vida sexual se mostrará inibida, não unificada, desintegrando-se em aspirações conflitantes.

A intervenção da ameaça de castração certamente não tem sempre essas temidas consequências para a vida sexual embrionária do menino. Mais uma vez, a proporção de dano causado e evitado dependerá de relações quantitativas. O acontecimento inteiro em que decerto se pode ver

Capítulo 7 – Uma amostra de trabalho psicanalítico

a vivência central dos anos de infância, o maior problema dos primeiros anos e a mais enérgica fonte de insuficiência posterior é tão radicalmente esquecido que sua reconstrução no trabalho analítico topa com a mais resoluta descrença do adulto. Sim, o afastamento em relação a ele vai tão longe que se quer silenciar toda menção do assunto malvisto e se ignora as mais óbvias referências a ele com uma singular cegueira intelectual. Foi assim que ouvimos a objeção de que a lenda do rei Édipo não teria propriamente nada a ver com a construção da análise, de que seria um caso inteiramente diferente, pois afinal Édipo não sabia que o homem que matou era seu pai e que a mulher com quem se casou era sua mãe. Só que não se percebe que tal distorção é indispensável quando se tenta uma configuração poética do material e que esta não inclui nada de estranho, mas apenas aproveita habilmente os fatores dados pelo tema. A ignorância de Édipo é a figuração legítima da inconsciência em que está mergulhada a experiência inteira para o adulto, e a coerção do oráculo, que inocenta ou deveria inocentar o herói, é o reconhecimento da necessariedade do destino que condenou todos os filhos a passar pelo complexo de Édipo. Quando, noutra ocasião, a psicanálise chamou a atenção para a facilidade com que se deixa resolver o enigma de outro herói da literatura, o hesitante Hamlet descrito por Shakespeare, pela remissão ao complexo de Édipo, visto que o príncipe fracassa na tarefa de punir em outro aquilo que coincide com o conteúdo de seus próprios desejos edipianos, a falta geral de compreensão do mundo literário mostrou o quanto a massa dos seres humanos estava pronta a se agarrar aos seus recalcamentos infantis.[2]

E, no entanto, mais de um século antes de surgimento da psicanálise o francês Diderot atestou a importância do complexo de Édipo ao expressar a diferença entre pré-história e cultura na seguinte frase: "*Si le petit sauvage était abandonné à lui-même qu'il conserva toute son imbécillité, et qu'il réunit au peu de raison de l'enfant au berceau la violence des passions de l'homme de trente ans, il tordrait le cou à son père et coucherait avec sa mère.*"[3] Atrevo-me a dizer que se a psicanálise não pudesse se gabar de nenhum outro feito senão a

---

2. O nome William Shakespeare é muito provavelmente um pseudônimo por trás do qual se esconde um grande desconhecido. Um homem em quem se acredita reconhecer o autor das criações shakespearianas, Edward de Vere, conde de Oxford, perdeu ainda garoto seu pai amado e admirado, afastando-se completamente da mãe, que se casara outra vez logo após a morte do marido.

3. "Se o pequeno selvagem fosse abandonado a si mesmo de maneira que conservasse toda sua imbecilidade e reunisse ao pouco de razão da criança de berço a violência das paixões do homem de trinta anos, ele torceria o pescoço de seu pai e dormiria com sua mãe." Diderot, *O sobrinho de Rameau*. (N.T.)

descoberta do complexo de Édipo recalcado, só isso já lhe daria o direito de ser incluída entre as valiosas aquisições novas da humanidade.

Os efeitos do complexo de castração são mais uniformes e não menos profundos no caso da menininha. A criança do sexo feminino naturalmente não precisa temer a perda do pênis, mas tem de reagir ao fato de que não o recebeu. Desde o começo ela inveja o menino por sua posse; pode-se dizer que todo seu desenvolvimento se consuma sob o signo da inveja do pênis. De início, ela faz tentativas inúteis de imitar o menino e, mais tarde, com maior sucesso, esforços de se compensar por seu defeito que finalmente podem levar à atitude feminina normal. Quando ela tenta na fase fálica obter prazer como o menino pelo estímulo manual dos órgãos genitais, muitas vezes não alcança nenhuma satisfação que lhe baste, e estende o juízo da inferioridade de seu pênis atrofiado a toda sua pessoa. Em geral, ela logo renuncia à masturbação, pois não quer ser lembrada da superioridade do irmão ou do companheiro de brincadeiras e se afasta completamente da sexualidade.

Quando a pequena mulher insiste em seu primeiro desejo de se tornar um "guri", terminará no caso extremo como homossexual manifesta, caso contrário expressará traços marcadamente masculinos em seu modo de vida posterior, escolherá uma profissão masculina etc. O outro caminho passa pela substituição da mãe amada, a quem a filha, sob a influência da inveja do pênis, não pode perdoar por tê-la colocado no mundo tão precariamente dotada. Ressentida com isso, ela renuncia à mãe e a substitui por outra pessoa como objeto amoroso, o pai. Quando se perdeu um objeto amoroso, a reação mais óbvia é identificar-se com ele, por assim dizer substituí-lo a partir de dentro por identificação. Tal mecanismo ajuda a menininha nesse caso. A identificação com a mãe pode agora substituir a ligação com ela. A filhinha se coloca no lugar da mãe, como sempre fez em suas brincadeiras, quer substituí-la junto ao pai e agora odeia a mãe antes amada com uma dupla motivação: tanto por ciúme como por mágoa devido ao pênis recusado. Sua nova relação com o pai pode de início ter por conteúdo o desejo de dispor de seu pênis, mas culmina no outro desejo de receber um filho dele de presente. O desejo de ter um filho tomou assim o lugar do desejo de ter um pênis, ou pelo menos se desdobrou a partir dele.

É interessante que a relação entre complexo de Édipo e de castração se configure na mulher

Capítulo 7 – Uma amostra de trabalho psicanalítico

de maneira tão diferente, verdadeiramente oposta, quando comparada com o homem. No caso deste, segundo vimos, a ameaça de castração dá um fim ao complexo de Édipo; no caso da mulher, ao contrário, ficamos sabendo que ela é impelida para seu complexo de Édipo pelo efeito da ausência de pênis. Permanecer em sua atitude edipiana feminina (sugeriu-se para ela o nome de "complexo de Electra") traz poucos danos à mulher. Ela irá então escolher seu marido de acordo com as qualidades paternas e estará disposta a reconhecer a autoridade dele. Sua ânsia propriamente insaciável pela posse de um pênis pode se satisfazer se ela conseguir complementar o amor pelo órgão com o amor pelo portador dele, tal como aconteceu no passado por ocasião do avanço do peito materno à pessoa da mãe.

Quando se pergunta à experiência do analista quais são as formações psíquicas de seus pacientes que menos se mostraram acessíveis a influência, a resposta será: na mulher, o desejo de ter um pênis; no homem, a atitude feminina em relação ao próprio sexo, que afinal tem como pressuposto a perda do pênis.

Parte III
O ganho teórico

Capítulo 8

O APARELHO PSÍQUICO E O MUNDO EXTERIOR

Naturalmente, também todas as compreensões e suposições gerais que apresentamos em nosso primeiro capítulo foram obtidas pelo cansativo e paciente trabalho pormenorizado do qual demos um exemplo no capítulo anterior. Pode ser que agora sejamos tentados a lançar um olhar abrangente sobre o enriquecimento de nosso saber adquirido por meio desse trabalho e sobre os caminhos que abrimos para avanços posteriores. Ao fazê-lo, pode chamar nossa atenção que tantas vezes tenhamos sido obrigados a nos aventurar além das fronteiras da ciência psicológica. Os fenômenos de que tratamos não pertencem apenas à psicologia; eles também têm um lado orgânico-biológico, e, consequentemente, em nossos esforços pela construção da psicanálise, também fizemos significativas descobertas biológicas e não pudemos evitar novas hipóteses biológicas.

Porém, para ficarmos de início na psicologia: descobrimos que a delimitação entre a norma psíquica e a anormalidade não é cientificamente viável, de maneira que essa distinção, apesar de sua importância prática, tem apenas um valor convencional. Com isso fundamentamos o direito de compreender a vida psíquica normal a partir de suas perturbações, o que não seria permitido se esses estados patológicos, as neuroses e psicoses, tivessem causas específicas agindo à maneira de corpos estranhos.

O estudo de uma perturbação psíquica que ocorre durante o sono, passageira, inofensiva e que inclusive serve a uma função útil, colocou em nossas mãos a chave para a compreensão dos adoecimentos psíquicos permanentes e prejudiciais à vida. E agora nos atrevemos a afirmar que a psicologia da consciência não estava mais bem capacitada para compreender a função psíquica normal do que para compreender o sonho. Os dados da autopercepção consciente, os únicos que estavam à sua disposição, mostraram-se por toda parte insuficientes para compreender a abundância e o emaranhado dos processos psíquicos, revelar seus nexos e assim descobrir as condições de suas perturbações.

Nossa hipótese de um aparelho psíquico dotado de extensão espacial, composto de maneira conveniente e desenvolvido pelas necessidades

Capítulo 8 – O aparelho psíquico e o mundo exterior

da vida, aparelho que apenas num ponto determinado e sob certas condições dá origem aos fenômenos da consciência, nos colocou em condições de construir a psicologia sobre uma base análoga à de qualquer outra ciência da natureza, como por exemplo a física. Tanto nesta quanto naquela, a tarefa consiste em descobrir outras coisas por trás das propriedades (qualidades) do objeto de investigação dadas diretamente à nossa percepção, coisas que são mais independentes da receptividade específica de nossos órgãos sensoriais e mais próximas do estado de coisas real suposto. Não esperamos poder alcançar esse estado em si mesmo, pois vemos que todas as coisas novas que deduzimos precisam ser retraduzidas para a língua de nossas percepções, da qual definitivamente não podemos nos libertar. Mas essa é precisamente a natureza e a limitação de nossa ciência. É como se disséssemos na física: se pudéssemos ver com uma determinada nitidez, descobriríamos que o corpo aparentemente sólido consiste de partículas com determinada forma, tamanho e posição em relação às outras. Entretanto, tentamos aumentar ao máximo a eficiência de nossos órgãos sensoriais por meio de recursos artificiais, mas pode-se esperar que todos esses esforços nada mudem no resultado final. O real sempre permanecerá "incognoscível". O ganho trazido à luz pelo trabalho científico com nossas percepções sensoriais primárias consistirá na compreensão de nexos e dependências existentes no mundo exterior, que podem ser reproduzidos ou refletidos confiavelmente de alguma maneira no mundo interior de nosso pensamento e cujo conhecimento nos capacita a "compreender" algo no mundo exterior, antecipá-lo e possivelmente modificá-lo. Na psicanálise procedemos de modo muito parecido. Encontramos os meios técnicos para preencher as lacunas de nossos fenômenos de consciência, meios dos quais nos servimos, portanto, como os físicos se servem do experimento. Por esse caminho, deduzimos alguns processos que em si mesmos são "incognoscíveis", os intercalamos entre aqueles que nos são conscientes e quando dizemos, por exemplo: "Aqui interveio uma lembrança inconsciente", isso significa: "Aqui aconteceu algo inteiramente incompreensível para nós, mas que se tivesse vindo à nossa consciência somente poderia ter sido descrito de tal e tal maneira".

Com que direito e com que grau de certeza efetuamos tais deduções e interpolações, eis uma questão naturalmente sujeita à crítica em cada caso particular, e não se pode negar que a decisão

Capítulo 8 – O aparelho psíquico e o mundo exterior

muitas vezes apresenta grandes dificuldades, que ganham expressão na falta de consenso entre os analistas. Cabe responsabilizar por isso a novidade da tarefa – ou seja, a falta de treinamento –, mas também um fator especial inerente ao objeto, visto que na psicologia nem sempre se trata, como na física, de coisas que apenas podem despertar um frio interesse científico. Assim, não causará grande surpresa que uma analista que não esteja suficientemente convencida da intensidade de seu próprio desejo de um pênis também não aprecie devidamente esse fator em seus pacientes. Mas tais fontes de erro oriundas da equação pessoal não significam muito no final das contas. Quando se lê antigos manuais de microscopia, fica-se sabendo com espanto como eram extraordinárias as exigências feitas naquela época, quando ainda se tratava de uma técnica nova, à personalidade de quem fizesse observações por esse instrumento, enquanto hoje nada mais se fala de tudo isso.

Não podemos nos colocar a tarefa de esboçar aqui um quadro completo do aparelho psíquico e de suas atividades; também nos atrapalha a circunstância de que a psicanálise ainda não teve tempo de estudar todas as funções de maneira uniforme. Por isso nos contentamos com uma repetição minuciosa dos dados de nosso capítulo introdutório. O cerne de nosso ser é formado, portanto, pelo obscuro *isso*, que não se relaciona diretamente com o mundo exterior e que também só se torna acessível ao nosso conhecimento pela mediação de outra instância. Nesse isso agem os *impulsos* orgânicos, eles próprios compostos de misturas de duas forças primordiais (eros e destruição) em proporções variáveis e diferenciados entre si por sua relação com os órgãos ou sistemas orgânicos. A única aspiração desses impulsos é a satisfação, esperada de determinadas modificações nos órgãos com ajuda de objetos do mundo exterior. Porém, a satisfação dos impulsos imediata e sem considerações, tal como exigida pelo isso, levaria com bastante frequência a conflitos perigosos com o mundo exterior e à ruína. O isso não conhece qualquer cuidado com o asseguramento da continuidade, qualquer medo, ou, talvez dizendo de maneira mais exata: ele pode, é verdade, desenvolver os elementos sensíveis do medo, mas não pode utilizá-los. Os processos que são possíveis nos e entre os elementos psíquicos supostos no isso (*processo primário*) se distinguem amplamente daqueles que conhecemos por meio da percepção consciente em nossa vida intelectual e emocional, tampouco valem para eles as restrições críticas da lógica, que rejeita e pretende anular como ilícita uma parte desses processos.

Capítulo 8 – O aparelho psíquico e o mundo exterior

O isso, cortado do mundo exterior, tem seu próprio mundo perceptivo. Ele nota com nitidez extraordinária certas modificações em seu interior, em especial as oscilações na tensão de necessidade de seus impulsos, oscilações que se tornam conscientes como sensações da série prazer-desprazer. Contudo, é difícil indicar por que caminhos e com ajuda de que órgãos terminais sensíveis se produzem essas percepções. Mas é certo que as autopercepções – cenestesias e sensações de prazer-desprazer – dominam os fluxos no isso com violência despótica. O isso obedece ao implacável princípio de prazer. Mas não só o isso. Parece que também a atividade das outras instâncias psíquicas apenas pode modificar, mas não suprimir, o princípio de prazer, e continua sendo uma questão altamente significativa do ponto de vista teórico, atualmente ainda não respondida, saber quando e como ocorre a superação desse princípio. A ponderação de que o princípio de prazer exige uma diminuição, no fundo talvez uma extinção das tensões de necessidade (*nirvana*), leva a relações ainda não apreciadas entre o princípio de prazer e as duas forças primordiais, eros e o impulso de morte.

A outra instância psíquica, que acreditamos conhecer da melhor maneira e na qual mais facilmente reconhecemos a nós mesmos, o assim chamado *eu*, desenvolveu-se a partir da camada cortical do isso, que por ser adaptada para receber e impedir estímulos se encontra em contato direto com o mundo exterior (a *realidade*). A partir da percepção consciente, essa instância submeteu à sua influência distritos sempre maiores e camadas sempre mais profundas do isso, e mostra, na dependência que conservou do mundo exterior, o carimbo indelével de sua origem (algo como: *made in Germany*). Sua atividade psicológica consiste no fato de elevar os fluxos no isso a um nível dinâmico mais alto (por exemplo, transformando energia livremente móvel em energia ligada, tal como corresponde ao estado pré-consciente); sua atividade construtiva, no fato de intercalar a atividade do pensamento entre a exigência dos impulsos e a ação de satisfação, atividade esta que, após orientar-se no presente e aproveitar experiências anteriores, busca adivinhar o sucesso dos empreendimentos pretendidos por meio de ações de teste. Dessa maneira, o eu decide se a tentativa de satisfação deve ser executada ou adiada, ou se a exigência do impulso não tem de ser totalmente reprimida por ser perigosa (*princípio de realidade*). Assim como o isso tem em vista exclusivamente o ganho de prazer, da mesma

Capítulo 8 – O aparelho psíquico e o mundo exterior

forma o eu é dominado pela consideração quanto à segurança. O eu colocou a si mesmo a tarefa da autoconservação, que o isso parece negligenciar. Ele se serve das sensações de medo como de um sinal que indica perigos que ameaçam sua integridade. Visto que marcas mnêmicas podem se tornar conscientes da mesma forma que percepções, em especial por meio de sua associação com restos linguísticos, existe aqui a possibilidade de uma confusão que levaria a uma interpretação errônea da realidade. O eu se protege dessa confusão pela instauração da *prova de realidade*, que, de acordo com as condições do estado de sono, pode ser suspensa no sonho. Perigos ameaçam o eu, que quer se impor num ambiente de forças mecânicas prepotentes, em primeiro lugar a partir da realidade externa, mas não apenas daí. O próprio isso é uma fonte de perigos semelhantes e, para ser mais preciso, com duas justificativas diferentes. Em primeiro lugar, intensidades impulsionais desmedidas podem danificar o eu de maneira semelhante aos "estímulos" desmedidos do mundo exterior. É verdade que não podem aniquilá-lo, mas podem destruir a organização dinâmica que lhe é própria, transformar o eu novamente numa parte do isso. Em segundo lugar, a experiência pode ter ensinado ao eu que a satisfação de uma exigência impulsional em si mesma não intolerável implicaria perigos no mundo exterior, de maneira que tal gênero de exigência impulsional se transforma ela própria em perigo. O eu luta, portanto, em duas frentes: ele precisa defender sua existência contra um mundo exterior que o ameaça com a aniquilação, como também contra um mundo interior demasiado exigente. Ele emprega os mesmos métodos de defesa contra ambos, mas a defesa contra o inimigo interior é especialmente deficiente. Em consequência da identidade original e da íntima convivência posterior, é difícil escapar aos perigos interiores. Eles permanecem como ameaças, mesmo que possam ser contidos temporariamente.

Vimos que o eu fraco e inacabado do primeiro período da infância é permanentemente prejudicado pelos esforços que lhe são impostos para se defender dos perigos próprios desse período da vida. Contra os perigos com que o mundo exterior a ameaça, a criança é protegida pelo cuidado dos pais; ela paga por essa segurança com o medo da *perda do amor*, que iria expô-la, desamparada, aos perigos do mundo exterior. Tal fator manifesta sua influência decisiva sobre o desfecho do conflito quando o menino vai parar na situação do complexo de Édipo, em que

Capítulo 8 – O aparelho psíquico e o mundo exterior

se apodera dele a ameaça a seu narcisismo pela castração, ameaça essa reforçada desde as épocas pré-históricas. Dominada pela cooperação de ambas as influências – o perigo real atual e o perigo recordado, filogeneticamente fundamentado –, a criança empreende suas tentativas de defesa – recalcamentos –, que, adequadas para o momento, no entanto se mostram psicologicamente insuficientes quando a posterior revivescência da vida sexual reforça as exigências impulsionais outrora rejeitadas. A consideração biológica precisa então explicar que o eu fracassa na tarefa de dar conta das excitações do primeiro período sexual, enquanto seu inacabamento não o capacita para tanto. Nesse atraso do desenvolvimento do eu frente ao desenvolvimento da libido reconhecemos a condição essencial da neurose e não podemos nos esquivar à conclusão de que a neurose poderia ser evitada se essa tarefa fosse poupada ao eu infantil, ou seja, se a vida sexual infantil fosse permitida livremente, como acontece entre muitos primitivos. É possível que a etiologia dos adoecimentos neuróticos seja mais complicada do que foi exposta aqui; pelo menos selecionamos, então, uma parte essencial do enodamento etiológico. Tampouco podemos esquecer as influências filogenéticas, que de alguma maneira estão representadas no isso sob formas ainda não compreensíveis para nós e que naquele primeiro período certamente agirão mais fortemente sobre o eu do que mais tarde. Por outro lado, começamos a compreender que uma contenção do impulso sexual tentada tão prematuramente, uma tomada de partido tão resoluta do jovem eu a favor do mundo exterior em oposição ao mundo interior, tal como ocorre pela proibição da sexualidade infantil, não pode ficar sem efeito sobre a posterior disposição do indivíduo para a cultura. As exigências impulsionais afastadas da satisfação direta são forçadas a tomar novos caminhos que levam à satisfação substitutiva e podem, durante esses rodeios, ser dessexualizadas, afrouxar a ligação com suas metas impulsionais originais. Com isso antecipamos a afirmação de que muito do nosso altamente estimado patrimônio cultural foi adquirido à custa da sexualidade, por meio da restrição das forças impulsoras sexuais.

Se até aqui tivemos de ressaltar repetidamente que o eu deve sua origem, bem como suas características adquiridas mais importantes, à relação com o mundo exterior real, então nos preparamos para admitir que os estados patológicos do eu, em que ele volta a se aproximar ao máximo do isso, se justificam pela supressão ou

Capítulo 8 – O aparelho psíquico e o mundo exterior

pelo afrouxamento dessa relação com o mundo exterior. Harmoniza-se muito bem com isso o fato de a experiência clínica nos ensinar que o motivo para a irrupção de uma psicose seja ou que a realidade se tornou insuportavelmente dolorosa ou que os impulsos adquiriram um reforço extraordinário, o que, considerando as exigências rivalizantes do isso e do mundo exterior feitas ao eu, necessariamente atinge o mesmo efeito. O problema da psicose seria simples e transparente se o desligamento do eu em relação à realidade fosse inteiramente viável. Mas isso parece acontecer apenas raras vezes, talvez nunca. Mesmo a respeito de estados que se afastaram tanto da realidade do mundo exterior quanto uma confusão alucinatória (amência), fica-se sabendo, através da comunicação dos pacientes após o restabelecimento, que naquele período, num canto de suas almas, conforme eles se expressam, mantinha-se escondida uma pessoa normal que, como um observador imparcial, permitia o fantasma da doença passar diante dela. Não sei se podemos supor que isso seja universalmente assim, mas posso relatar coisas parecidas sobre outras psicoses que transcorreram de maneira menos tempestuosa. Lembro-me de um caso de paranoia crônica em que, após cada ataque de ciúme, um sonho trazia ao conhecimento do analista a figuração correta do motivo, inteiramente isenta de delírios. Resultava assim a interessante oposição de que, enquanto normalmente deduzimos dos sonhos do neurótico o ciúme estranho à sua vida de vigília, no caso desse psicótico o delírio dominante durante o dia fosse corrigido pelo sonho. Provavelmente podemos supor como universalmente válido que aquilo que aconteceu em todos esses casos seja uma *cisão* psíquica. Formaram-se duas atitudes psíquicas em vez de uma única: uma que leva a realidade em conta, a normal, e outra que, sob influência dos impulsos, separa o eu da realidade. Ambas subsistem uma ao lado da outra. O desfecho depende de sua intensidade relativa. Se a última é ou se torna a mais forte, está dada com isso a condição para a psicose. Invertendo-se a relação, resulta uma cura aparente da doença delirante. Na realidade, ela apenas recuou ao inconsciente, assim como é preciso concluir de inúmeras observações que o delírio se encontrava pronto há muito tempo antes de irromper de maneira manifesta.

O ponto de vista que postula uma *cisão do eu* em todas as psicoses não poderia reivindicar tanta consideração se não se mostrasse correto em outros estados mais parecidos com as neuroses e,

Capítulo 8 – O aparelho psíquico e o mundo exterior

por fim, nestas mesmas. Fiquei convencido disso inicialmente em casos de *fetichismo*. Essa anormalidade, que pode ser incluída entre as perversões, se baseia, como é sabido, no fato de o paciente, quase sempre masculino, não reconhecer a falta de pênis da mulher, falta que lhe é altamente indesejada como prova da possibilidade de sua própria castração. Por isso ele desmente a própria percepção sensorial que lhe mostrou a ausência do pênis nos genitais femininos e se aferra à convicção oposta. Porém, a percepção desmentida não permaneceu inteiramente sem influência, pois afinal ele não tem coragem de afirmar que realmente viu um pênis. Mas ele apanha alguma outra coisa, uma parte do corpo ou um objeto, e lhe atribui o papel do pênis, do qual não quer sentir falta. Na maioria das vezes, trata-se de algo que ele realmente viu na ocasião em que enxergou os genitais femininos, ou de algo que se presta para ser um substituto simbólico do pênis. Ora, seria impróprio chamar de cisão do eu esse processo que ocorre na formação do fetiche; trata-se de uma formação de compromisso com ajuda de deslocamento, tal como o conhecemos a partir do sonho. Mas nossas observações nos mostram ainda mais. A criação do fetiche resultou, afinal, da intenção de destruir a prova da possibilidade da castração, de maneira que se possa escapar ao medo da castração. Se a mulher possui um pênis como outros seres vivos, não é preciso temer pela posse permanente do próprio pênis. Ora, encontramos fetichistas que desenvolveram o mesmo medo da castração que os não fetichistas e reagem a ele da mesma maneira. Portanto, em seu comportamento se expressam dois pressupostos contrários ao mesmo tempo. Por um lado, eles desmentem o fato de sua percepção, a saber, que não viram um pênis nos genitais femininos; por outro lado, reconhecem a falta de pênis da mulher e extraem dela as conclusões corretas. As duas atitudes coexistem ao longo de toda a vida, sem se influenciarem mutuamente. É o que se pode chamar de uma *cisão do eu*. Esse estado de coisas também nos permite compreender que com tanta frequência o fetichismo se desenvolva apenas parcialmente. Ele não domina a escolha de objeto de maneira exclusiva, mas deixa espaço para uma proporção mais ou menos grande de comportamento sexual normal, algumas vezes até mesmo se recolhe a um papel modesto ou a uma mera alusão. Assim, a separação do eu em relação à realidade do mundo exterior jamais é inteiramente bem-sucedida para os fetichistas.

Capítulo 8 – O aparelho psíquico e o mundo exterior

Não é lícito acreditar que o fetichismo represente um caso de exceção no que se refere à cisão do eu; ele é apenas um objeto de estudo especialmente favorável para tanto. Retomemos a indicação de que o eu infantil, sob o domínio do mundo real, afasta exigências impulsionais desagradáveis por meio dos assim chamados recalcamentos. Nós a complementamos agora mediante a constatação adicional de que no mesmo período de vida o eu se encontra com bastante frequência na situação de se defender de uma exigência do mundo exterior sentida como desagradável, o que ocorre por meio do *desmentido* das percepções que dão notícia dessa exigência da realidade. Tais desmentidos ocorrem com bastante frequência, não apenas no caso de fetichistas, e, onde quer que nos encontremos na situação de estudar tais desmentidos, eles se mostram como providências pela metade, como tentativas incompletas de separar-se da realidade. A recusa é complementada toda vez por um reconhecimento; sempre se produzem duas atitudes opostas, independentes entre si, que resultam no estado de coisas de uma cisão do eu. Outra vez, o resultado depende de qual das duas consegue se apoderar da maior intensidade.

Parte III – O ganho teórico

Os fatos da cisão do eu que aqui descrevemos não são tão novos e estranhos como podem parecer de início. Que em relação a um determinado comportamento existam duas atitudes diferentes na vida psíquica da pessoa, opostas entre si e independentes uma da outra, é, afinal, uma característica geral das neuroses, só que então uma pertence ao eu, e a oposta, na condição de recalcada, ao isso. A diferença entre os dois casos é no essencial uma diferença tópica ou estrutural, e nem sempre é fácil decidir com qual das duas possibilidades se está lidando no caso individual. Porém, o elemento comum importante entre ambas reside no seguinte: não importando o que o eu empreenda em seus esforços defensivos, quer ele pretenda desmentir uma parte do mundo exterior real ou rejeitar uma exigência impulsional do mundo interior, jamais o sucesso é completo, total; sempre resultam disso duas atitudes opostas, das quais também a derrotada, a mais fraca, leva a consequências psíquicas. Para concluir, só falta indicar o quão pouco de todos esses processos se torna conhecido para nós por meio da percepção consciente.

Capítulo 9

O MUNDO INTERIOR

Para dar notícia de uma simultaneidade complicada, não temos outro caminho senão recorrer à sucessão da descrição, e por isso todas as nossas exposições pecam em primeiro lugar pela simplificação unilateral e esperam ser completadas, reformadas e, assim, retificadas.

A representação de um eu que faz a mediação entre o isso e o mundo exterior; que aceita as exigências impulsionais do primeiro a fim de conduzi-las à satisfação; que faz observações no segundo aproveitadas sob a forma de lembranças; que, atento à sua autoconservação, se defende contra exigências desmedidas de ambas as partes e, ao fazê-lo, é guiado em todas as suas decisões pelas ordens de um princípio de prazer modificado – essa representação é exata, na verdade, apenas para o eu até o fim do primeiro período da infância (em torno dos cinco anos). Por volta dessa época se completou uma importante modificação. Ocorreu a renúncia a uma parte do mundo exterior como objeto, pelo menos parcialmente, e, em compensação, ela foi acolhida no eu (via identificação), ou seja, se tornou um componente do mundo interior. Essa nova instância psíquica dá prosseguimento às funções que aquelas pessoas do mundo exterior tinham desempenhado; ela observa o eu, lhe dá ordens, julga-o e ameaça-o com castigos exatamente assim como os pais, cujo lugar ocupou. Chamamos essa instância de *supereu* e a sentimos em suas funções julgadoras como nossa *consciência moral*. É digno de nota que o supereu muitas vezes desenvolva uma severidade para a qual os pais reais não deram o modelo. Além disso, que ele não peça contas ao eu somente por seus atos, mas igualmente por seus pensamentos e intenções não executadas, que ele parece conhecer. Somos lembrados de que também o herói da lenda de Édipo se sente culpado por seus atos e se submete a uma autopunição, embora a coerção do oráculo devesse inocentá-lo, tanto segundo o nosso juízo como no dele próprio. Na verdade, o supereu é o herdeiro do complexo de Édipo e só é instituído após a liquidação deste. Por isso, seu rigor excessivo não segue um modelo real, mas corresponde à intensidade da defesa que foi empregada contra a tentação do complexo de

Capítulo 9 – O mundo interior

Édipo. Um pressentimento desse estado de coisas por certo se encontra na base da afirmação dos filósofos e dos crentes de que o senso moral não é inculcado no homem pela educação ou adquirido por ele na vida em comunidade, e sim implantado nele por uma autoridade superior.

Enquanto o eu trabalha em completa harmonia com o supereu, não é fácil diferenciar as manifestações de ambos, mas tensões e distanciamentos entre eles podem ser percebidos com bastante clareza. O tormento das repreensões da consciência moral corresponde exatamente ao medo da criança de perder o amor, medo que foi substituído pela instância moral. Por outro lado, quando o eu resistiu com sucesso a uma tentação de fazer algo que seria ofensivo ao supereu, ele se sente elevado no sentimento de seu próprio valor e fortalecido em seu orgulho como se tivesse feito uma aquisição valiosa. É dessa maneira que o supereu continua a representar o papel de um mundo exterior para o eu, embora tenha se tornado uma parte do mundo interior. Para todos os períodos posteriores da vida, ele representa a influência da infância do indivíduo, dos cuidados que recebeu, da educação e da dependência dos pais – da infância que, no caso do ser humano, foi tão prolongada pela convivência em famílias. E com isso não se ressaltam apenas as qualidades pessoais desses pais, mas também tudo que atuou de maneira determinante sobre eles próprios, as inclinações e exigências da situação social em que vivem, as disposições e tradições da raça de que descendem. Caso se prefira constatações gerais e distinções nítidas, pode-se dizer que o mundo exterior, em que o indivíduo se encontrará exposto depois de separar-se dos pais, representa o poder do presente; seu isso, com suas tendências herdadas, o passado orgânico; e o supereu acrescentado mais tarde, sobretudo o passado cultural, que a criança, nos poucos anos do primeiro período de sua vida, deve, por assim dizer, revivenciar. Não é fácil tais generalidades estarem corretas de maneira geral. Uma parte das aquisições culturais certamente deixou seu precipitado no isso; muitas coisas trazidas pelo supereu despertarão um eco no isso; algumas coisas novas vivenciadas pela criança experimentarão um efeito reforçado por repetirem vivências filogenéticas antiquíssimas. ("O que herdaste de teus pais, adquire-o para possuí-lo.")[1] Assim, o supereu ocupa uma espécie de posição intermediária entre o isso e o mundo exterior; ele reúne em si as influências

---

1. Goethe, *Fausto*, parte I, cena 1 ("Noite"). (N.T.)

Capítulo 9 – O mundo interior

do presente e do passado. Na instauração do supereu se vivencia, por assim dizer, um exemplo de como o presente é convertido em passado.
_____
_____
_____²

---

2. Os travessões são uma inserção dos editores alemães para indicar a inconclusão do texto. Há no entanto quem defenda, com base no estudo dos manuscritos freudianos, que o *Compêndio* é um texto acabado. Veja-se a propósito o livro de Ilse Grubrich-Simitis, que também aponta as alterações, por vezes profundas, efetuadas pelos editores das *Gesammelte Werke* neste que é o último texto de fôlego de Freud (*Zurück zu Freuds Texten: Stumme Dokumente sprechen machen*, Fischer, 1993, traduzido no Brasil por Inês Lohbauer e Susana Kampff Lages sob o título *De volta aos textos de Freud: dando voz a documentos mudos*, Imago, 1995). (N.T.)

Colaboradores desta edição

RENATO ZWICK é bacharel em filosofia pela Unijuí e mestrando em letras (língua e literatura alemã) na USP. É tradutor de Nietzsche (*O anticristo*, L&PM, 2008; *Crepúsculo dos ídolos*, L&PM, 2009; e *Além do bem e do mal*, L&PM, 2008), de Rilke (*Os cadernos de Malte Laurids Brigge*, L&PM, 2009), de Freud (*O futuro de uma ilusão*, 2010; *O mal-estar na cultura*, 2010; *A interpretação dos sonhos*, 2012; *Totem e tabu*, 2013; *Psicologia das massas e análise do eu*, 2013; *O homem Moisés e a religião monoteísta*, 2014, todos publicados pela L&PM Editores) e de Karl Kraus (*Aforismos*, Arquipélago, 2010), e cotradutor de Thomas Mann (*Ouvintes alemães!: discursos contra Hitler (1940-1945)*, Jorge Zahar, 2009).

NOEMI MORITZ KON é psicanalista, membro do Departamento de Psicanálise do Instituto Sedes Sapientiae, mestre e doutora de psicologia social pelo Instituto de Psicologia da USP e autora de *Freud e seu duplo: reflexões entre psicanálise e arte* (Edusp/Fapesp, 1996) e *A viagem: da literatura à psicanálise* (Companhia das Letras, 2003), e organizadora de *125 contos de Guy de Maupassant* (Companhia das Letras, 2009).

Paulo Endo é psicanalista e professor do Instituto de Psicologia da USP, com mestrado pela PUC-SP, doutorado pela USP e pós-doutorado pelo Centro Brasileiro de Análise e Planejamento/CAPES. É pesquisador-colaborador do Laboratório de Pesquisa em Psicanálise, Arte e Política da UFRGS e do Laboratório Interdisciplinar de Pesquisa e Intervenção Social da PUC-Rio. É autor de *A violência no coração da cidade* (Escuta/Fapesp, 2005; prêmio Jabuti 2006) e *Sigmund Freud* (com Edson Sousa; L&PM, 2009), e organizador de *Novas contribuições metapsicológicas à clínica psicanalítica* (Cabral Editora, 2003).

Edson Sousa é psicanalista, membro da Associação Psicanalítica de Porto Alegre. É formado em psicologia pela PUC-RS, com mestrado e doutorado pela Universidade de Paris VII, e pós-doutorado pela Universidade de Paris VII e pela École des Hautes Études en Sciences Sociales de Paris. Pesquisador do CNPq, leciona como professor titular do Departamento de Psicanálise e Psicopatologia e no Pós-graduação em Psicanálise:

Clínica e Cultura da UFRGS, onde também coordena, com Maria Cristina Poli, o Laboratório de Pesquisa em Psicanálise, Arte e Política. É autor de *Freud* (Abril, 2005), *Uma invenção da utopia* (Lumme, 2007) e *Sigmund Freud* (com Paulo Endo; L&PM, 2009), além de organizador de *Psicanálise e colonização* (Artes e Ofícios, 1999) e *A invenção da vida* (com Elida Tessler e Abrão Slavutzky; Artes e Ofícios, 2001).

Coleção **L&PM** POCKET

1191. **E não sobrou nenhum e outras peças** – Agatha Christie
1192. **Ansiedade** – Daniel Freeman & Jason Freeman
1193. **Garfield: pausa para o almoço** – Jim Davis
1194. **Contos do dia e da noite** – Guy de Maupassant
1195. **O melhor de Hagar 7** – Dik Browne
1196.(29). **Lou Andreas-Salomé** – Dorian Astor
1197.(30). **Pasolini** – René de Ceccatty
1198. **O caso do Hotel Bertram** – Agatha Christie
1199. **Crônicas de motel** – Sam Shepard
1200. **Pequena filosofia da paz interior** – Catherine Rambert
1201. **Os sertões** – Euclides da Cunha
1202. **Treze à mesa** – Agatha Christie
1203. **Bíblia** – John Riches
1204. **Anjos** – David Albert Jones
1205. **As tirinhas do Guri de Uruguaiana 1** – Jair Kobe
1206. **Entre aspas (vol.1)** – Fernando Eichenberg
1207. **Escrita** – Andrew Robinson
1208. **O spleen de Paris: pequenos poemas em prosa** – Charles Baudelaire
1209. **Satíricon** – Petrônio
1210. **O avarento** – Molière
1211. **Queimando na água, afogando-se na chama** – Bukowski
1212. **Miscelânea septuagenária: contos e poemas** – Bukowski
1213. **Que filosofar é aprender a morrer e outros ensaios** – Montaigne
1214. **Da amizade e outros ensaios** – Montaigne
1215. **O medo à espreita e outras histórias** – H.P. Lovecraft
1216. **A obra de arte na era de sua reprodutibilidade técnica** – Walter Benjamin
1217. **Sobre a liberdade** – John Stuart Mill
1218. **O segredo de Chimneys** – Agatha Christie
1219. **Morte na rua Hickory** – Agatha Christie
1220. **Ulisses (Mangá)** – James Joyce
1221. **Ateísmo** – Julian Baggini
1222. **Os melhores contos de Katherine Mansfield** – Katherine Mansfield
1223.(31). **Martin Luther King** – Alain Foix
1224. **Millôr Definitivo: uma antologia de *A Bíblia do Caos*** – Millôr Fernandes
1225. **O Clube das Terças-Feiras e outras histórias** – Agatha Christie
1226. **Por que sou tão sábio** – Nietzsche
1227. **Sobre a mentira** – Platão
1228. **Sobre a leitura *seguido do* Depoimento de Céleste Albaret** – Proust
1229. **O homem do terno marrom** – Agatha Christie
1230.(32). **Jimi Hendrix** – Franck Médioni
1231. **Amor e amizade e outras histórias** – Jane Austen
1232. **Lady Susan, Os Watson e Sanditon** – Jane Austen
1233. **Uma breve história da ciência** – William Bynum
1234. **Macunaíma: o herói sem nenhum caráter** – Mário de Andrade
1235. **A máquina do tempo** – H.G. Wells
1236. **O homem invisível** – H.G. Wells
1237. **Os 36 estratagemas: manual secreto da arte da guerra** – Anônimo
1238. **A mina de ouro e outras histórias** – Agatha Christie
1239. **Pic** – Jack Kerouac
1240. **O habitante da escuridão e outros contos** – H.P. Lovecraft
1241. **O chamado de Cthulhu e outros contos** – H.P. Lovecraft
1242. **O melhor de Meu reino por um cavalo!** – Edição de Ivan Pinheiro Machado
1243. **A guerra dos mundos** – H.G. Wells
1244. **O caso da criada perfeita e outras histórias** – Agatha Christie
1245. **Morte por afogamento e outras histórias** – Agatha Christie
1246. **Assassinato no Comitê Central** – Manuel Vázquez Montalbán
1247. **O papai é pop** – Marcos Piangers
1248. **O papai é pop 2** – Marcos Piangers
1249. **A mamãe é rock** – Ana Cardoso
1250. **Paris boêmia** – Dan Franck
1251. **Paris libertária** – Dan Franck
1252. **Paris ocupada** – Dan Franck
1253. **Uma anedota infame** – Dostoiévski
1254. **O último dia de um condenado** – Victor Hugo
1255. **Nem só de caviar vive o homem** – J.M. Simmel
1256. **Amanhã é outro dia** – J.M. Simmel
1257. **Mulherzinhas** – Louisa May Alcott
1258. **Reforma Protestante** – Peter Marshall
1259. **História econômica global** – Robert C. Allen
1260.(33). **Che Guevara** – Alain Foix
1261. **Câncer** – Nicholas James
1262. **Akhenaton** – Agatha Christie
1263. **Aforismos para a sabedoria de vida** – Arthur Schopenhauer
1264. **Uma história do mundo** – David Coimbra
1265. **Ame e não sofra** – Walter Riso
1266. **Desapegue-se!** – Walter Riso
1267. **Os Sousa: Uma família do barulho** – Maurício de Sousa
1268. **Nico Demo: O rei da travessura** – Maurício de Sousa
1269. **Testemunha de acusação e outras peças** – Agatha Christie
1270.(34). **Dostoiévski** – Virgil Tanase
1271. **O melhor de Hagar 8** – Dik Browne
1272. **O melhor de Hagar 9** – Dik Browne
1273. **O melhor de Hagar 10** – Dik e Chris Browne
1274. **Considerações sobre o governo representativo** – John Stuart Mill

1275. **O homem Moisés e a religião monoteísta** – Freud
1276. **Inibição, sintoma e medo** – Freud
1277. **Além do princípio de prazer** – Freud
1278. **O direito de dizer não!** – Walter Riso
1279. **A arte de ser flexível** – Walter Riso
1280. **Casados e descasados** – August Strindberg
1281. **Da Terra à Lua** – Júlio Verne
1282. **Minhas galerias e meus pintores** – Kahnweiler
1283. **A arte do romance** – Virginia Woolf
1284. **Teatro completo v. 1: As aves da noite** *seguido de* **O visitante** – Hilda Hilst
1285. **Teatro completo v. 2: O verdugo** *seguido de* **A morte do patriarca** – Hilda Hilst
1286. **Teatro completo v. 3: O rato no muro** *seguido de* **Auto da barca de Camiri** – Hilda Hilst
1287. **Teatro completo v. 4: A empresa** *seguido de* **O novo sistema** – Hilda Hilst
1289. **Fora de mim** – Martha Medeiros
1290. **Divã** – Martha Medeiros
1291. **Sobre a genealogia da moral: um escrito polêmico** – Nietzsche
1292. **A consciência de Zeno** – Italo Svevo
1293. **Células-tronco** – Jonathan Slack
1294. **O fim do ciúme e outros contos** – Proust
1295. **A jangada** – Júlio Verne
1296. **A ilha do dr. Moreau** – H.G. Wells
1297. **Ninho de fidalgos** – Ivan Turguêniev
1298. **Jane Eyre** – Charlotte Brontë
1299. **Sobre gatos** – Bukowski
1300. **Sobre o amor** – Bukowski
1301. **Escrever para não enlouquecer** – Bukowski
1302. **222 receitas** – J. A. Pinheiro Machado
1303. **Reinações de Narizinho** – Monteiro Lobato
1304. **O Saci** – Monteiro Lobato
1305. **Memórias da Emília** – Monteiro Lobato
1306. **O Picapau Amarelo** – Monteiro Lobato
1307. **A reforma da Natureza** – Monteiro Lobato
1308. **Fábulas** *seguido de* **Histórias diversas** – Monteiro Lobato
1309. **Aventuras de Hans Staden** – Monteiro Lobato
1310. **Peter Pan** – Monteiro Lobato
1311. **Dom Quixote das crianças** – Monteiro Lobato
1312. **O Minotauro** – Monteiro Lobato
1313. **Um quarto só seu** – Virginia Woolf
1314. **Sonetos** – Shakespeare
1315. (35). **Thoreau** – Marie Berthoumieu e Laura El Makki
1316. **Teoria da arte** – Cynthia Freeland
1317. **A arte da prudência** – Baltasar Gracián
1318. **O louco** *seguido de* **Areia e espuma** – Khalil Gibran
1319. **O profeta** *seguido de* **O jardim do profeta** – Khalil Gibran
1320. **Jesus, o Filho do Homem** – Khalil Gibran
1321. **A luta** – Norman Mailer
1322. **Sobre o sofrimento do mundo e outros ensaios** – Schopenhauer
1323. **Epidemiologia** – Rodolfo Sacacci
1324. **Japão moderno** – Christopher Goto-Jones
1325. **A arte da meditação** – Matthieu Ricard
1326. **O adversário secreto** – Agatha Christie
1327. **Pollyanna** – Eleanor H. Porter
1328. **Espelhos** – Eduardo Galeano
1329. **A Vênus das peles** – Sacher-Masoch
1330. **O 18 de brumário de Luís Bonaparte** – Karl Marx
1331. **Um jogo para os vivos** – Patricia Highsmith
1332. **A tristeza pode esperar** – J.J. Camargo
1333. **Vinte poemas de amor e uma canção desesperada** – Pablo Neruda
1334. **Judaísmo** – Norman Solomon
1335. **Esquizofrenia** – Christopher Frith & Eve Johnstone
1336. **Seis personagens em busca de um autor** – Luigi Pirandello
1337. **A Fazenda dos Animais** – George Orwell
1338. **1984** – George Orwell
1339. **Ubu Rei** – Alfred Jarry
1340. **Sobre bêbados e bebidas** – Bukowski
1341. **Tempestade para os vivos e para os mortos** – Bukowski
1342. **Complicado** – Natsume Ono
1343. **Sobre o livre-arbítrio** – Schopenhauer
1344. **Uma breve história da literatura** – John Sutherland
1345. **Você fica tão sozinho às vezes que até faz sentido** – Bukowski
1346. **Um apartamento em Paris** – Guillaume Musso
1347. **Receitas fáceis e saborosas** – José Antonio Pinheiro Machado
1348. **Por que engordamos** – Gary Taubes
1349. **A fabulosa história do hospital** – Jean-Noël Fabiani
1350. **Voo noturno** *seguido de* **Terra dos homens** – Antoine de Saint-Exupéry
1351. **Doutor Sax** – Jack Kerouac
1352. **O livro do Tao e da virtude** – Lao-Tsé
1353. **Pista negra** – Antonio Manzini
1354. **A chave de vidro** – Dashiell Hammett
1355. **Martin Eden** – Jack London
1356. **Já te disse adeus, e agora, como te esqueço?** – Walter Riso
1357. **A viagem do descobrimento** – Eduardo Bueno
1358. **Náufragos, traficantes e degredados** – Eduardo Bueno
1359. **Retrato do Brasil** – Paulo Prado
1360. **Maravilhosamente imperfeito, escandalosamente feliz** – Walter Riso
1361. **É...** – Millôr Fernandes
1362. **Duas tábuas e uma paixão** – Millôr Fernandes
1363. **Selma e Sinatra** – Martha Medeiros
1364. **Tudo que eu queria te dizer** – Martha Medeiros
1365. **Várias histórias** – Machado de Assis
1366. **A sabedoria do Padre Brown** – G. K. Chesterton
1367. **Capitães do Brasil** – Eduardo Bueno
1368. **O falcão maltês** – Dashiell Hammett
1369. **A arte de estar com a razão** – Arthur Schopenhauer
1370. **A visão dos vencidos** – Miguel León-Portilla

lepmeditores
www.lpm.com.br
o site que conta tudo

IMPRESSÃO:

PALLOTTI
GRÁFICA

Santa Maria - RS | Fone: (55) 3220.4500
www.graficapallotti.com.br